U0486439

爱在混龄

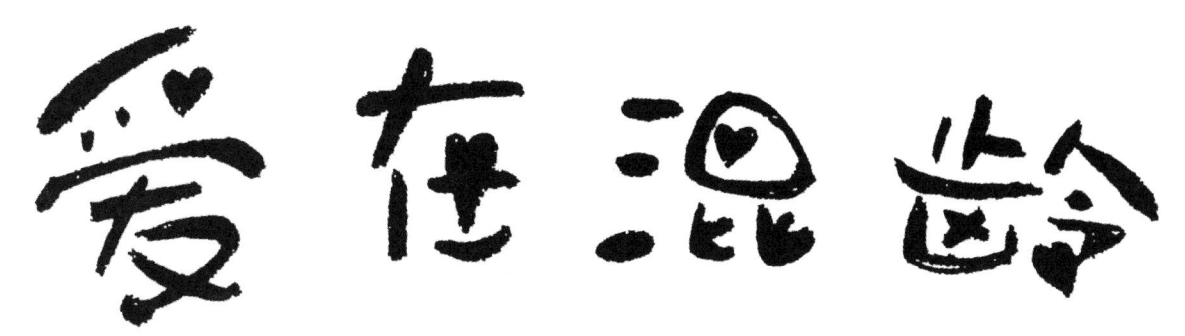

——幼儿园混龄教学活动设计

高 洁　黄荔华　主编

武夷山市红苹果幼稚园 | 武夷学院人文与教师教育学院

海峡出版发行集团 | 海峡文艺出版社

本书编委会

主　编 高　洁　黄荔华

副主编 陈　琳　左　敏　杜雪华

编　委 钱蕾蕾　黄　莹　吴莉兰

　　　　　涂　辉　雷　莎　钟笑丽

　　　　　胡玮晗　柯以钧　黄巍华

序

我爱孩子,我爱幼儿教育。

武夷山山清水秀,人杰地灵,我总向往着将更优质的学前教育课程和教育形态带进武夷山。2003年我怀揣这一梦想创办了武夷山市私立红苹果幼稚园,接着于2009年创办了武夷学院附属幼儿园。起初,我们对"学前混龄教育"是陌生的,偶然间,我们教师团队在福建省首批蒙台梭利培训班上,了解混龄教育对幼儿成长的重要意义,认识到它具体帮助人成长的潜在价值。中国有句古话:"三岁看大,七岁看老。"学前教育对人的一生成长具有深远的影响。我意识到,混龄教育模式能够更大限度和范围地打开孩子们学习成长的"小世界",这个"小世界"如同成人的大世界一样有着极其丰富的内涵,这太重要了。于是,我带领教师团队一起开始关注与搜集国内外混龄教育的信息资料,关注国内混龄教育的发展态势,同时也开始进行自我探索。

爱在混龄

机缘巧合，2015年春天，上海依霖幼儿园徐刚园长来到武夷山。因为彼此都有共同"走进孩子，只想静静地为孩子们做点事"的愿望，我们相见恨晚，惺惺相惜，建立起高山流水般的情谊。徐刚园长和她的团队，把依霖幼儿园获得的所有研究成果，倾囊相授，给了我们无私帮助与具体指导，我们两家幼儿园结成了"上海—武夷姊妹园"。

"混龄"不是一个新名词，一些发达国家基本都是混龄编班模式。可依霖幼儿园混龄编班课程模式是根据我国当时的社会现实问题（独生子女），同时又站在未来20-30年中国发展趋势审视、研究的教育课题。"家庭式、常态化混龄编班模式"是徐刚园长基于"主动活动学习课程""生存课程研究"的研究成果而提出的理念，继而形成了"家庭式、常态化混龄编班模式"的课题成果。历经32年，三个课题先后荣获上海教育科研成果二等奖。

好风凭借力，送我上青云。2015年夏天，我们和武夷学院人文与教师教育学院学前教育系的高洁、杜雪华、陈琳、黄莹等高校老师共同组建武夷山"家庭式、常态化混龄研究"课题组，当机立断赴上海依霖幼儿园拜师求学。

上海依霖团队敞开胸怀，毫无保留地分享了关于"家庭式、常态化混龄编班"研究的来龙去脉，及来自家长、社会、孩子和老师感到困惑的问题。如学前混龄教育理念、园所文化建设、教师队伍建设、师资培训、观察指导、家长工作、环境创设、师幼互动等问题。学习过程中，我们的团队被"依霖人"对教育之专注、热爱与执着所感动，废寝忘食、如饥似渴地沉浸在混龄教育的学习和研究中。我们的研究团队用行动与态度践行着我们珍惜这来之不易的学习机会。

经过精心筹备,"家庭式、常态化混龄编班模式"课程真正在武夷学院附属幼儿园落地生根。2018年8月,那是一段难忘的日子,由于武夷山家长们对混龄教育理念比较陌生,我们在招生过程中遇到一些困难。但办法总比困难多,我们不仅通过各种渠道大力宣传,高校教研团队的老师们也经常来园开设讲座,与家长面对面进行沟通交流。研究团队齐心协力,并肩作战,团队成员解决了不少困难,在摸着石头过河的实践中逐渐积累经验,锤炼成长。此外,高校老师每周定期参与幼儿园混龄教育教研,共同探讨混龄教育主题活动开展中呈现出来的问题。如主题活动如何因地制宜、周计划和日计划,如何根据三个年龄段幼儿特点来制定、家长如何参与、区域如何设置、教师如何提问、教师如何"抛接球"、如何引导幼儿运用思维导图的思路去解决问题等等。

回顾往事,感慨万千,一言难尽。看着桌上堆积如山的资料,种种过往的感动瞬间弥漫心间,双眸不自觉地湿润,百感交集。我突然想起一首歌来:"几度风雨几度春秋,风霜雪雨搏激流,历尽苦难痴心不改,少年壮志不言愁……"风雨后终见彩虹。我知道这道彩虹已深深刻进我们心底,成为抹不去的印记并引以为豪。

我告诉我的研究团队:"我们来了,带着全体老师、家长、孩子感受不同的学前教育模式。"如今,当我们奔赴新的前程时,我们还想说:"我们留下的是学前教育新的思想、新的理念、新的课程,希望能够给孩子提供一个更适合其成长的空间。"

曾经,武夷学院附属幼儿园走进学前混龄教育。如今,我们期望学前混龄教

爱在混龄

育会走进武夷山红苹果幼稚园。对此，我有感而发：

感触世上无难事，只要有心，坚持可成。

感恩有一起为共同事业、为孩子健康成长竭尽全力付出的研究团队。

感怀自己能够为孩子们静静地做点事。

这，真的很幸福！

黄荔华

2023 年 3 月 3 日于红苹果幼稚园

前 言

　　混龄教育主要指的是，将年龄3-6岁之间的幼儿按照合理比例安排在一个班级内，使年龄及发展能力均不同的幼儿在相同的环境中一起参与活动、一同游戏、学习和生活。混龄班就像一个大家庭，有着不同年龄特征、兴趣爱好的同伴群体自然组合成多元异质的人际关系，这为幼儿的发展提供了有利的条件，促进了幼儿的社会化发展和自我发展。其实，混龄教育早于同龄教育（把相同年龄的教育对象编入同一班级，按照同一标准实施教育）而出现，比如古时候的私塾和显赫家族的家庭教育，幼儿教育亦是如此。17世纪，随着《大教学论》的问世，人类的教育实践活动才逐渐朝着同龄教育这一规范化、专门化的教育模式发展。混龄教育由之逐渐式微，但并没有被取代，相反，因其相比于同龄教育而凸显的"注重教育者个体差异，可以精准地为幼儿提供多维度的成长支持"等优势而得到传承和发展。正如意大利著名学前教育家玛丽亚·蒙台梭利（Maria Montessori）所说："社会生活的魅力在于一个人可以遇到不同类型的人，按年龄实行隔离是一种人为的隔离，它打破了社会的契约，剥夺了生活对儿童的滋养，会阻碍儿童社会意识的发展。"在混龄班这样的社群中，幼儿如同植物园的生态一样，万物在阳光、雨露滋润下，按照自己的规律和特质自由呼吸和生长。

放眼大社会背景中，我们身边有着年龄层次、出身背景、人生经历各异的社会人，混龄班这个小班级亦是大社会的缩影，混龄班的每个孩子在与同伴的合作、互动和交往中获得更多的体验和机会，从而主动构建多角度、多方面的自我意识。自我的发展是社会交往的基础，正确地认识自己，并且接受自己，进而调控自己，才能成为身心健全的人。随着时代的发展和学前教育的改革，越来越多的幼儿教育工作者、研究者甚至家长认识到了混龄教育的价值，特别是混龄教育在幼儿自我意识构建方面的价值。我国幼儿园混龄教育经过多年的探索与实践，目前在组织和实施对象、组织形式、内容等诸多层面形成了不少新的特点和经验，但混龄教育在幼儿园的实施和推广仍受到诸多问题的阻碍，如混龄教育资源相对匮乏、混龄教育课程设置不合理、教师的专业素质有待提高、家长对混龄教育的认知存在偏差等等。尽管阻碍重重，混龄教育的魅力仍吸引着那些相信它能带给幼儿不一样童年生活的人们突破困境、敢于实践。

因为同样的理念与理想，红苹果幼稚园分园——武夷学院附属幼儿园的园长和老师们与武夷学院学前教育系的教研团队一拍即合，于2018年9月创办了混龄班（即幼儿园实现全部混龄编班，在幼儿园一日生活的各个环节都实施混龄教育，因此这种"混龄班"模式也被称为"连续性混龄"）。我们借鉴了国外混龄教育的先进理念，同时向已经取得成功实践经验的姊妹幼儿园（上海市依霖幼儿

园）学习，并结合园所的自然环境优势和本土文化特色课程，经过混龄教研团队四年多的探索和实践，构建了较为完善的主题教学活动体系，由此汇编成《爱在混龄——幼儿园混龄教学活动设计》一书。本书呈现了八个主题的混龄教学活动设计。主题的确定既要结合时令时节、本土文化、幼儿兴趣和教师特长等方面因素，更要研究混龄班幼儿的不同年龄特征与差异，以保证所选内容能够受到幼儿喜欢的同时又能促进不同年龄幼儿的发展。每个主题的教学活动设计都包含了主题网络图和主题由来说明，以期能较为清晰地向读者表达设计意图与思路。在设计混龄教学活动过程中，最难把握的就是活动目标制定。制定目标时需要考虑同一活动要同时面对多个年龄段的幼儿，因此目标的制定要体现出层次性和差异性，这就要求根据不同年龄段幼儿的认知能力、经验水平和思维特点来制定分龄目标，而那些行为习惯、情感态度类的目标则可以写成共性目标。

幼儿与世界的联结包括与自然的联结、与社会的联结以及与自我的联结，这就构成了混龄主题由来的三大维度，如"春天知多少"主题来源"我与自然"维度，"我爱我家"主题来源"我与社会"维度。混龄班的年龄构成决定了要采取多样化的组织形式：全混龄集中教学、部分混龄教学、同龄分组活动、混龄分组活动、结对子、个别学习等，无论采用何种组织形式和教育形式，都应高度重视活动过程中的异龄互动，这就是区别于同龄活动的最具特色之处。由于在具体活动中，对年长幼儿和年幼幼儿的要求不尽相同，因此教师在设计提问时应更具针对性，如针对同一内容的提问，不同年龄段幼儿要回答的问题就应显示出层次性。

新中国成立后，我国学前教育阶段主要采用同龄编班模式进行教育教学，混

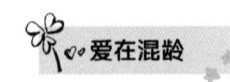

龄编班模式一直都只是小范围地存在。21世纪前，由于农村师资不足且入园幼儿偏少，混龄编班教学是一种迫不得已的选择；进入21世纪后，随着家长教育理念更新，逐渐意识到独生子女政策给孩子们社会性发展带来了不利的影响，因此混龄教育模式作为一种特色的教育教学模式被家长看见并选择；而如今我们国家进入一个全新时代，面临着出生人口断崖式下降的社会大环境的变革，我国学前教育事业正进入高质量发展的时代，在这样宏大的社会背景下，随着教师队伍的专业素养不断优化提升，随着家长的教育理念变得多元包容，混龄教育是否会被越来越多人看见并选择？我和我的团队老师们都一致认为这个答案是肯定的。

　　本书的主题教学活动设计力求凸显混龄教育的特色，能够为一线学前教育工作者提供可参考的思路，但是存在的问题同样不能忽视。如我们常常会陷入同龄教学活动设计的思维定式中，异龄互动环节被忽略；活动中的教师提问和师幼互动不够体现年龄差异性；教师未能较好结合混龄特征展开反思等，希望能够得到同行专家老师们的批评与指正。本书的出版饱含了我们教研团队办混龄教育的初心和用心，编写成员在编辑文字和搜集图片时脑海里常常浮现混龄班孩子们带给我们的感动瞬间。虽然因为不可抗因素混龄班解散了，但是我们依然相信混龄教育的力量，依然期待再次与混龄教育相遇。

高　洁

2023年8月26日于武夷山

目 录

混龄主题教学活动设计

第一辑 我与自然

主题一 春天知多少 ··· 5

活动一：寻找春天 ·· 7

活动二：种子的旅行 ··· 10

活动三：小花伞 ·· 13

活动四：我和雨天有个约会 ··· 15

活动五：春分立蛋 ·· 18

活动六：蚕宝宝 ·· 20

活动七：蚯蚓弟弟 ·· 22

活动八：雷公菜 ·· 25

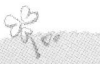

活动九：清明草美食 27

活动十：笋之味 29

活动十一：春茶发芽啦 31

活动十二：春茶的味道 33

主题二　我是小菜农 36

活动一：我知道的蔬菜 38

活动二：蔬菜歌 41

活动三：蔬菜写生 43

活动四：蔬菜拓印画 45

活动五：蔬菜宝宝排排队 47

活动六：秋种 49

活动七：制作菜牌 51

活动八：照顾小菜苗 53

活动九：自制灭虫剂 55

活动十：我是烹饪师 57

活动十一：蔬菜什么部位可以吃 60

主题三　我爱地球村 62

活动一：地球像身体 64

活动二：自然灾害 66

活动三：受伤的地球 69

活动四：传递绿色 71

活动五：可爱的企鹅 ………………………………………………………………… 73

活动六：我的家在地球 ……………………………………………………………… 75

活动七：我为地球添色彩 …………………………………………………………… 77

活动八：我为地球过生日 …………………………………………………………… 79

活动九：设计太阳能电视 …………………………………………………………… 82

活动十：变废为宝 …………………………………………………………………… 84

活动十一：了不起的清洁工 ………………………………………………………… 86

活动十二：如何保护空气 …………………………………………………………… 88

第二辑　我与社会

主题四　我爱我家 ……………………………………………………………………… 93

活动一：幼儿园的一天 ……………………………………………………………… 95

活动二：幼儿园的人 ………………………………………………………………… 97

活动三：混龄一家 …………………………………………………………………… 100

活动四：猜猜我有多爱你 …………………………………………………………… 103

活动五：我的家和我们的家 ………………………………………………………… 105

活动六：吉祥三宝 …………………………………………………………………… 108

活动七：爸爸的领带 ………………………………………………………………… 110

活动八：跟我一起游武夷 …………………………………………………………… 112

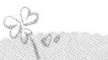

活动九：武夷山的由来 ……………………………………………………………… 114

活动十：武夷美食 …………………………………………………………………… 117

活动十一：我的祖国	119
活动十二：十米长画	121

主题五　冬日迎新 ························ 123

活动一：暖暖的服饰	125
活动二：冬天到	127
活动三：冬天的变化	129
活动四：冰	131
活动五：小动物过冬	133
活动六：冬日美景	135
活动七：小熊存粮食	137
活动八：红红的	139
活动九：过新年	141
活动十：备年货	143
活动十一：年货加工厂	145
活动十二：年货集市	147

主题六　老大毕业啦 ························ 149

活动一：曾经的我们	151
活动二：毕业诗	154
活动三：我想当老大	157
活动四：我能当老大	159
活动五：老大参观小学	161

活动六：小学与幼儿园的差异 ································· 164

活动七：我会看时钟 ······································· 166

活动八：学做小学生 ······································· 168

活动九：小家庭互赠礼物 ··································· 170

活动十：告别的信 ··· 172

活动十一：老大欢送会 ····································· 174

第三辑　我与自我

主题七　神奇的生命 ······································· 179

活动一：清明节的由来 ····································· 181

活动二：缅怀先烈 ··· 183

活动三：奶奶的皱纹 ······································· 185

活动四：爷爷变成了幽灵 ··································· 187

活动五：寻梦环游记 ······································· 189

活动六：小威向前冲 ······································· 191

活动七：胎动的秘密 ······································· 193

活动八：体验妈妈的一天 ··································· 195

活动九：动物的一生 ······································· 197

活动十：植物的四季 ······································· 199

活动十一：人的成长历程 ··································· 201

主题八　我喜欢我 ··· 203

活动一：介绍自我 ··· 205

活动二：我的本领 ………………………………………………………… 207

活动三：我的好伙伴 ……………………………………………………… 209

活动四：我想改变 ………………………………………………………… 211

活动五：我的自画像 ……………………………………………………… 213

活动六：喜怒哀乐 ………………………………………………………… 215

活动七：情绪魔法师 ……………………………………………………… 217

活动八：情绪大冒险 ……………………………………………………… 220

活动九：幸福拍手歌 ……………………………………………………… 222

活动十：成长的变化 ……………………………………………………… 225

活动十一：曾经的老大 …………………………………………………… 227

活动十二：未来的我 ……………………………………………………… 229

混龄活动集锦

第一辑　混龄记事

足迹1　混龄班开班啦 …………………………………………………… 235

足迹2　小叮嘱 …………………………………………………………… 236

足迹3　你的老三也是我的老三 ………………………………………… 237

足迹4　宝宝长大啦 ……………………………………………………… 238

足迹5　一对好兄弟 ……………………………………………………… 239

足迹 6　树立好榜样 ·· 240

足迹 7　同步成长 ·· 241

足迹 8　我的老三我来爱 ··· 242

足迹 9　孩子眼中的世界 ··· 243

足迹 10　一起坐车车 ·· 244

足迹 11　优秀老大 ··· 245

足迹 12　哥哥姐姐的帮助 ··· 246

足迹 13　捧在手心里的小老三 ·· 247

足迹 14　吾家老二初养成 ··· 248

足迹 15　初见之喜 ··· 249

足迹 16　乐于分享 ··· 250

足迹 17　爱的抱抱 ··· 251

足迹 18　伞下的爱 ··· 252

足迹 19　坚实的后盾 ·· 253

足迹 20　成长的滋味 ·· 254

足迹 21　无处不在的爱 ·· 255

足迹 22　爱的传递 ··· 256

第二辑　混龄之家

19-20 届混龄家庭 ·· 259

20-21 届混龄家庭 ·· 261

21-22届混龄家庭 ······ 264

22-23届混龄班大合影 ······ 267

第三辑　混龄亲子活动

活动一：森林运动会 ······ 271

活动二：亲近自然，爱上秋天 ······ 274

活动三：花样馒头大比拼 ······ 276

活动四：秋种 ······ 278

活动五：秋天的味道 ······ 281

活动六：回味元宵 ······ 284

活动七：中华礼乐大会 ······ 286

活动八：邂逅武夷山国家公园 ······ 288

活动九：我爱我家·月满中秋 ······ 291

活动十：金秋拾趣，你我同行 ······ 294

附　录

家长感言 ······ 298

混龄成长树 ······ 302

混龄班歌《爱在混龄》 ······ 303

后　记 ······ 304

混龄主题教学活动设计

第一辑　我与自然

主题一 春天知多少

"春天知多少"主题由来

春天是一年中最美丽的季节,也是适宜亲近大自然的季节。春天的许多特征会在三四月份表现出来,包括动植物、气候、春茶等,可以以此为切入点开展各领域主题活动。

武夷学院附属幼儿园拥有得天独厚的自然环境,孩子们可以在这个季节里观察和探索。通过看、摸、听、闻等多种途径与春天进行互动,能感受大自然的神奇,逐步亲近和喜爱大自然,大胆表达出对春天的热爱。

主题网络图

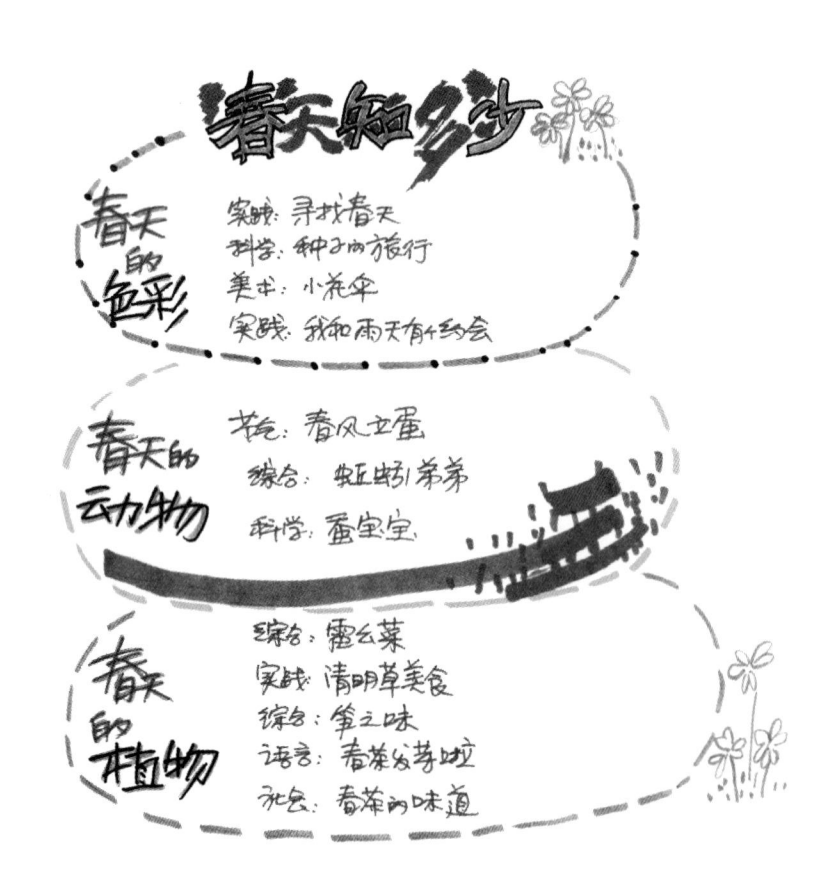

春天知多少

春天的色彩
- 实践：寻找春天
- 科学：种子的旅行
- 美术：小花伞
- 实践：我和雨天有个约会

春天的动物
- 艺术：春风立蛋
- 综合：蚯蚓弟弟
- 科学：蚕宝宝

春天的植物
- 综合：摘么菜
- 实践：清明草美食
- 综合：笋之味
- 语言：春笋发芽啦
- 社会：春笋的味道

活动一：寻找春天

组织形式：

集体混龄

活动目标：

1. 老大能够辨识春天常见的野花野草，学会用图符形式记录。
2. 老二能够观察和发现春天花草树木的明显变化，老三能初步感知春天的基本特征。
3. 乐于探索和分享，感受春天的生命力和大自然的美。

活动准备：

记录本、小篮子、规划踏青路线及时间

活动过程：

一、话题引出

师：小朋友们，春姐姐悄悄地来临啦！地上的草儿变绿了，花儿也开了，你们在哪里发现春天呀？今天我们一起去寻找春天吧！

> 活动记录与对话：
>
> 贝贝（老二）：我在我家的花园里发现了春天。
>
> 安吉拉（老三）：幼儿园里发现春天，绿油油的！

二、寻找春天

1. 分配任务，交代注意事项。

（1）分配任务

老大：辨识春天常见的野花野草，学会用图符形式记录。

老二、老三：观察和发现春天花草树木的明显变化。

（2）注意事项

在户外时，不可以随意乱跑，老大看好自己的小家庭成员。

注意时间的把控，在30分钟内回到班级。

2. 家庭单位，分组寻找。

第一组：远足到学院寻找春天的花。

第二组：在竹林寻找和采摘小笋。

第三组：在后山寻找和采摘清明草。

三、小家庭分享

1. 每组的家庭老大分享自己寻找到的野花野草，老二、老三认真倾听，并各自表述对所观察到春天的样子。

> 活动记录与对话：
>
> 恩琪（老大）：我们寻找春天的地点是竹林，除了发现小笋以外，还有一些蘑菇。
>
> 墨宝（老二）：春天里有蜜蜂、蝴蝶，它们飞来飞去的！

2. 播放课件，教师总结春天的含义。

四、活动小结

师：春天万物复苏，还有许多的秘密等着小朋友们去发现哦！

活动反思：

"竹外桃花三两枝，春江水暖鸭先知。"走过了寒冷的冬天，我们与春天的"约会"如期而至。为了更加直观地感受大自然，混龄班幼儿分成三组寻找园所里不一样的春天。

活动前，老大集中在一起讨论寻找春天的路线，思考外出时应如何避开危险物品、如何照顾好弟弟妹妹、如何发现和收集春天的变化。老二、老三则按照哥哥姐姐的安排，准备好外出需要的物品。分享时可以多邀请老二、老三来简单讲述，老大总结。

出发寻找春天　　　　　　　　　　　　　五颜六色的春天

活动二：种子的旅行

组织形式：

中、大混龄

活动目标：

1. 老大了解种子的外形及传播方式，能够用图符分类记录并表达。
2. 老二初步认识各种种子的特征，乐于与大家分享。
3. 萌发探索春天植物奥秘的兴趣。

活动准备：

绘本《种子的旅行》、各种种子（西瓜、玉米、蒲公英、莲蓬、苍耳、樱桃、豌豆）

活动过程：

一、出示种子实物，引导幼儿观察交流

1. 教师提出问题，幼儿观察及自由讨论。

师：猜猜这是什么种子？它有什么特征？

> 活动记录与对话：
>
> 小米（老二）：这个是西瓜的种子，西瓜的种子就是黑黑的。
>
> 逗逗（老大）：玉米的种子就是我们吃的玉米。

2. 请老大说说自己认识的种子名称以及作用。

二、阅读绘本，初步感知种子特征

1. 教师讲述绘本《种子的旅行》，幼儿交流。

提问老二：是谁帮助蒲公英的孩子去旅行的？为什么风能吹着它去旅行？

> 活动记录与对话：
>
> 珈企（老二）：是小朋友吗？
>
> 淘淘（老二）：不是，是风把蒲公英吹走的。

2. 教师出示蒲公英种子，引导幼儿观察、分析，并请幼儿吹着试一试，进一步感知其"轻飘飘"的特征。

3. 小结：蒲公英有适合飞翔的绒毛，它可以借助风的力量旅行。

三、探讨不同种子的传播方式

1. 教师出示莲蓬、苍耳、樱桃、豌豆等，观察不同种子外形，引导老大做好记录。

2. 小家庭讨论：它们的种子是如何旅行的？为什么？

3. 教师小结：农作物的种子多是靠人类的帮助去旅行的，莲蓬像小船一样能浮在水上，它的种子大多靠水传播；小苍耳身上有刺，可粘在动物的皮毛上旅行。

四、活动小结

师：每个种子都可以结不同的果实，你们还可以去多多了解哦！

活动反思：

春天是个播种的季节，看到种子慢慢地长大的过程特别有趣！有一天户外观察，孩子们看到园丁叔叔在种菜，他们纷纷上前询问，得知种的是辣椒种子。于是，我们以"种子"为课题开展了本次活动，发现和探索传播方式不一样的种子。

随着活动的开展，教师发现幼儿不仅对此次活动抱有极大的兴趣，并且非常愿意表达自己的观点，乐于探索。因此，后续可以考虑进一步开展与此相关内容的活动，并且引导幼儿做好相关的记录。

莲蓬种子

豌豆种子

活动三：小花伞

组织形式：

集体混龄

活动目标：

1. 老大能够大胆地运用色彩、线条、形状等进行伞面设计。
2. 老二、老三初步感受各种伞面的装饰美，熟练地使用绘画材料。
3. 积极参与活动，体验共同创作活动的快乐。

活动准备：

颜料、绘画纸、空白雨伞

活动过程：

一、提出话题，分享对伞的感受

师：请说说自己最喜欢什么样的伞，为什么？

> 活动记录与对话：
>
> 珈企（老三）：我最喜欢奥特曼的雨伞了，因为我喜欢奥特曼，我觉得奥特曼很酷。
>
> 嘉懿（老大）：我喜欢有猴哥图案的雨伞，我妹妹喜欢爱莎公主的。
>
> 逗逗（老大）：我喜欢蜘蛛侠的。
>
> 贝贝（老二）：我喜欢恐龙的，只要有恐龙的我都喜欢。

小结：刚才大家说的伞都很美，它们都是伞厂的设计师设计出来的。小朋友们也来当个设计师，设计出美丽的伞面，比一比谁设计的伞面最美。

二、出示材料，幼儿讨论设计

1. 教师出示空白的雨伞实物、绘画纸和绘画颜料。

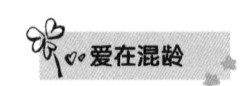

2. 组织幼儿讨论如何让空白的伞面变得更加美丽。

> 活动记录与对话：
>
> 贝贝（老二）：用笔画上自己喜欢的图片，我要把恐龙画上去。
>
> 淘淘（老二）：可以画一些小花上去。

小结：伞面可以采用圆形、波浪花纹、小花等图案来设计，伞顶的边缘可以设计成重复的图案，可以是小花、苹果、小鸡等图案。

可爱的小花伞

三、幼儿设计，互相分享交流

1. 家庭分组操作：老大绘画空白实物伞，老二、老三用颜料对空白的雨伞绘画纸进行涂色。

2. 鼓励幼儿大胆想象，引导幼儿设计出与众不同的图案。

3. 教师巡回指导，提醒幼儿注意绘画力度，小心把伞纸画破。

四、活动小结

集中幼儿互相欣赏美术作品，教师进行引导性评价。

活动反思：

上周组织幼儿到户外踩雨，大家都意犹未尽！小朋友听到雨水打到雨伞上"啪啪哒哒"的声音，产生了浓厚的兴趣。

通过图片欣赏，幼儿说说自己喜欢的雨伞图案，为之后的设计做好经验准备。绘画图案和上色两项工作，由小家庭自行分配。在绘画中，发现纸质的伞面容易被颜料涂透，提醒老二、老三轻点下笔，最后呈现的效果得达到一定要求！

我为种子撑撑伞

活动四：我和雨天有个约会

组织形式：

集体混龄

活动目标：

1. 老大了解雨的形成原理。
2. 老二认识各种雨的名称，老三知道春天会下雷雨。
3. 体验听雨、看雨、玩雨的乐趣。

活动准备：

绘本《小雨点旅行记》、关于各种雨的视频、雨伞、雨衣、雨鞋

活动过程：

一、绘本导入，引出话题

教师与幼儿一起阅读《小雨点旅行记》，用谈话引起兴趣。

师："轰隆隆、轰隆隆……"是什么声音呀？让我们一起竖起小耳朵仔细听。

引导幼儿知道轰隆隆的声音是打雷的声音，了解春天有时会下雨，这就是春雨。

二、播放视频，幼儿听雨、看雨

1. 听雨。

（1）教师播放各种雨声，组织幼儿一起闭上眼睛，提问老二、老三：听听雨声是怎么样的？

活动记录与对话：

怀仁（老三）：是噼啪噼啪的，有点吵？

俊衡（老二）：雨水的声音哗啦哗啦的，有点像溪水的声音。

（2）引导幼儿用各种象声词来表达。（"哗啦啦""淅沥沥""沙沙沙""哗啦哗啦""滴答滴答"）

2. 看雨。

提问老大：雨点是从哪里落下来的呢？是怎么落下来的？落下来是什么样子的呢？

> 活动记录与对话：
>
> 逗逗（老大）：落下来，就没了呀，就是在水坑里有个圈圈。
>
> 筱佑（老大）：雨是从天上落下来的，一滴一滴的。

三、户外踩雨

1. 幼儿有序到户外感受雨水。

（1）幼儿提前准备好雨鞋、雨衣和雨伞，备一套换洗的衣物。

（2）教师提出注意事项：踩水时，小心滑倒。

师：小朋友们，我们用小手接住雨看看，雨是什么颜色的？落在手上有什么感觉？回到班级再一起分享哦！

2. 幼儿自主游戏，体验踩雨的乐趣。

四、活动结束

组织幼儿回班，引导他们说说春雨的感受，提醒老大可以用绘画的形式记录下今天的感受。

活动反思：

雨水淅淅沥沥，是春天的特征。每每看到孩子披着雨衣、穿着雨鞋、脚踩雨水的画面，特别天真可爱！恰逢近期雨季，想让他们释放天性，同时活动又要具有教育价值，我们便开始着手尝试此次活动。

经过一番讨论，每人制定一份物品清单，记录下自己所需要的物品。了解雨水的秘密后，"踩雨大战"正式拉开序幕，孩子们个个玩得不亦乐乎！结束后，老大赶忙换好自己的衣服后，来帮助弟弟妹妹擦干雨水，让我们省了不少心！

撑伞玩水

雨后的植物

活动五：春分立蛋

组织形式：

集体混龄

活动目标：

1. 老大能够在平整的桌面上立蛋，探索立蛋的方法。
2. 老二、老三知道春分立蛋的由来，锻炼动作的协调性。
3. 乐于参与游戏挑战，感受中国节气文化的魅力。

活动准备：

生鸡蛋、绘画笔

活动过程：

一、活动导入，了解中国民俗文化

师："春分到，蛋儿俏"，今天是二十四节气中的春分，在这一天里各地民间流行玩"立蛋游戏"，因为春分这天最容易把鸡蛋立起来。早在4000年前，华夏先民就开始以此庆贺春天的来临。

活动记录与对话：

如羿（老大）：好神奇呀，鸡蛋真的可以立起来吗？

升升（老二）：生鸡蛋容易碎，可以用熟的吗？

二、彩绘鸡蛋

1. 出示绘画材料，组织幼儿用简单的图案进行装饰。

师：在立蛋前，我们一起来装饰下自己的鸡蛋吧！

2. 幼儿彩绘（老大可以适当地帮助弟弟妹妹）。
3. 请个别幼儿介绍自己设计的图案。

三、挑战"春分立蛋"

1. 教师讲解立蛋方法。

师：绘画完成的小朋友们可以找到一个平整的桌面开始立蛋，将大的那一头朝下，双手轻轻地扶住鸡蛋，让鸡蛋保持直立。

2. 小家庭分组操作，相互分享立蛋的技巧。

> 活动记录与对话：
>
> 沛权（老二）：双手扶住鸡蛋，放稳后轻轻地松开。
>
> 粽子（老三）：好神奇，鸡蛋竟然可以立起来呀！

四、活动小结

师：春风是二十四节气之一，有时间你们还可以多了解其他的节气，都有哪些习俗哦！

活动反思：

春分是我国二十四节气之一，俗话说："春分到，蛋儿俏"。早在 4000 年前，我国就有"春分立蛋"的民俗传统，以庆祝春天的到来。

立蛋前，孩子们用简单的图案装饰，老大帮助弟弟妹妹绘画，并将立蛋技巧分享给他们。前提是要在班级里多准备几个鸡蛋，有些孩子会控制不住力度。此次活动能加强孩子们对中国节气文化的认知，并在一次次挑战中，感受成功带来的喜悦。

用水彩笔装饰鸡蛋

试试看能不能立起来

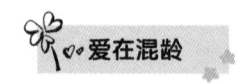

活动六：蚕宝宝

组织形式：

集体混龄

活动目标：

1. 老大了解蚕宝宝的生活习性与生长变化过程，尝试用语言、绘画的形式记录。
2. 老二、老三认真观察，能对蚕宝宝的外形特征进行表述。
3. 感受生命的神奇，对养蚕产生兴趣。

活动准备：

实物蚕宝宝、蚕宝宝生长变化课件、记录表

活动过程：

一、谈话导入，激发幼儿探索的兴趣

师：你们养过蚕吗？蚕是怎么样的？它的成长变化有哪些？（鼓励幼儿用语言表述自己的养蚕过程。）

> 活动记录与对话：
>
> 陈治（老二）：我的姐姐有养过蚕宝宝，蚕宝宝是吃桑叶的。
>
> 嘉懿（老大）：蚕是软软胖胖的，很好玩。
>
> 修竹（老大）：它之前长得有点像小蚂蚁，但是长大了就长出了翅膀。

二、认识蚕宝宝

1. 出示蚕宝宝实物，组织幼儿进行观察，小家庭分组讨论。
2. 播放成长变化课件，与孩子们一起讨论蚕宝宝每个阶段的外形特征，以及名称。

小结：蚕宝宝最初是黑黑的，长大后会变成白色，再结茧变蛹，最后变成蚕蛾，蚕蛾产卵后又变出黑色的蚕宝宝,这就是蚕的生长变化过程。

三、了解并记录蚕宝宝的习性与生长环境

1. 教师组织幼儿探讨蚕宝宝的生活习性。

师:每个动物吃的食物都不一样,比如猫喜欢吃鱼、老鼠喜欢吃大米,那你们知道蚕宝宝喜欢吃什么吗?(引导幼儿说出是桑叶)

2. 教师引导幼儿讨论蚕宝宝的生长环境,了解如何照顾它。

好神奇的蚕宝宝

> 活动记录与对话:
>
> 闻子(老二):蚕宝宝是生活在一个小小的盒子里。
>
> 可可(老二):要给它吃桑叶,不能给它喝水。

3. 教师组织老大带着弟弟妹妹记录蚕宝宝的生长过程。

四、活动小结

师:蚕宝宝的生长过程神奇吗?接下来,我们一起照顾蚕宝宝,让它们健康地成长吧!

活动反思:

生命之间总会因各种关系产生联系,一片小小的树叶、一棵发芽的小草、一只迷茫的蚂蚁、一条路过的蚯蚓,都会让我们惊叹生命的伟大!

蚕的生长过程比较明显,适合作为科学探究的课题。为了让孩子更直观地感受,我们采购了几只蚕宝宝。通过观察,孩子们发现蚕宝宝生长过程的神奇,老二、老三尝试说出自己的发现,老大用记录表记录蚕宝宝的生长过程。

它们在努力吃桑叶

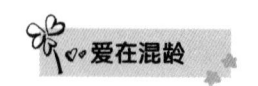

活动七：蚯蚓弟弟

组织形式：

集体混龄

活动目标：

1. 老大了解蚯蚓的生理特征和习性，并尝试用图符记录。

2. 老二、老三知道蚯蚓的本领，萌发保护意识。

3. 产生对蚯蚓的探索欲望。

活动准备：

蚯蚓图片及纪录片、小铲子、蚯蚓、户外泥土、放大镜、盆

活动过程：

一、话题导入，激发幼儿的兴趣

师：小朋友们，春天里雨季比较多，泥土变得滋润，你们知道泥土里有哪些动物呢？（蚯蚓）你们见过蚯蚓吗？

二、幼儿自主讨论探究

1. 播放蚯蚓纪录片，组织幼儿进行讨论。

（1）提问老二、老三：小蚯蚓是什么样的？

> 活动记录与对话：
>
> 以默（老二）：小蚯蚓的身上软软的，没有骨头。
>
> 圈圈（老二）：它是一节一节的，没有手也没有脚。

小结：蚯蚓是环节动物，细细长长的，没有眼睛、鼻子和耳朵。它身上有许多水分，摸上去湿湿的。

（2）提问老大：你们知道小蚯蚓是怎么运动的吗？

> 活动记录与对话：
>
> 芷岩（老大）：扭来扭去，像小蛇一样。
>
> 坤坤（老大）：喜欢钻进湿答答的泥巴里。

小结：蚯蚓腹部有刚毛，一伸一缩，借助刚毛爬行。蚯蚓受伤分成两段后，还可以继续存活变成两条哦！

2. 了解蚯蚓的本领

师：接下来的时间，我们一起带着疑问到户外寻找蚯蚓吧！它会躲在什么样的泥土里？它有什么本领呢？

三、寻找蚯蚓

1. 教师组织幼儿到户外寻找蚯蚓，交代安全注意事项。

2. 请幼儿用放大镜去观察蚯蚓的外观，并进行讨论。

3. 教师简要地分享蚯蚓的本领。

四、活动小结

师：今天了解了蚯蚓的秘密，我们要学会保护蚯蚓，因为蚯蚓能让土壤变得更好，可以帮助农民伯伯种出好吃的蔬菜和水果哦！

活动反思：

蚯蚓是童年的玩伴，每到春天它就悄悄地从泥土里钻出来。有一天散步时，孩子们在小菜园里观察到一只蚯蚓，纷纷上去围观，七嘴八舌地议论起来。

活动开始前，简单地和孩子们讨论了一些蚯蚓的本领以及捕捉的方法。当他们知道蚯蚓受伤分成两段后还可以继续存活时，孩子们脸上露出了好奇的表情。总而言之，这个活动特别有教育价值，孩子们也特别感兴趣！

盆栽里面有蚯蚓吗　　　　　　　　草地里面有蚯蚓吗

活动八：雷公菜

组织形式：

集体混龄

活动目标：

1. 老大初步认识菌类植物"雷公菜"，学习其烹饪的方法。
2. 老二、老三能够主动帮忙清洗和挑拣，乐于合作。
3. 感受大自然的神奇与馈赠。

活动准备：

雷公菜、篮子、烹饪厨具

活动过程：

一、实物导入

1. 出示雷公菜。

师：春天来了，幼儿园到处是绿油油的。我今天在草地上发现了一种很神奇的东西，我们一起来看看吧！（教师讲解雷公菜的外观特征和生存环境）

2. 幼儿观察交流。

> 活动记录与对话：
>
> 修竹（老大）：咦，我今天早上在草坪上有看到这个绿绿的东西。
>
> 花生（老二）：这个看上去好像木耳，摸上去软软的。

二、寻找雷公菜

1. 分发材料，提醒幼儿注意安全事项，提醒老大安排好弟弟妹妹的工作。
2. 幼儿寻找，教师巡回观察和帮助。

三、制作雷公菜美食

1. 教师组织老二、老三将采收到的雷公菜进行清洗和挑拣，老大讨论和记录制作雷公菜的方法以及需要的配料，提前准备好烹饪厨具。

2. 集中幼儿制作美食，请其中几个家庭的老大亲自操作，并说说感受。

> 活动记录与对话：
>
> 筱佑（老大）：雷公菜有点难洗，有很多沙子和青苔。
>
> 小雨（老大）：加上煎蛋，简直太美味了！

大自然的馈赠

四、品尝雷公菜

1. 幼儿领取餐具，教师将煮好的雷公菜分给每位孩子。
2. 品尝后，相互分享自己品尝到的味道。

五、活动小结

师：春天的美食——雷公菜，是大自然给我们的馈赠，我们要学会爱护环境哦！

挑拣杂草

活动反思：

雷公菜简称"地衣"，每每春雷过后，茂密的草地上随处可见。孩子们对此特别好奇，都想尝尝它的味道。

我们与孩子一起讨论雷公菜的制作方法。由老大根据事情的先后顺序进行安排，并且给弟弟妹妹分配工作。比如清洗这样简单的工作可以让老二、老三帮忙，比较复杂的工作可以交给老大。最后，孩子们共同分享大自然馈赠的美食。

活动九：清明草美食

组织形式：

集体混龄

活动目标：

1. 老大学会简单的煎饼方法，锻炼动手的能力。
2. 老二、老三认识清明草的外形，配合老大制作美食。
3. 感受春天的气息，体验合作的欢乐与美好。

活动准备：

经验准备：寻找春天的美食，认识清明草并采摘一些到幼儿园

物质准备：后山场地、清明草、平底锅、面粉、水、柴火等。

活动过程：

一、活动导入，激发幼儿的活动兴趣

师：小朋友们，周末的时候爸爸妈妈带你们去寻找春天，我们一起来看看你们的照片吧！说一说你找到了什么野菜？（鼓励幼儿大胆地讲述）

活动记录与对话：

思杨（老二）：我周末的时候去了萌萌家的茶山上，我们发现了一种绿绿的植物，妈妈说那个可以做东西吃的。

萌萌（老大）：是的，妈妈说那个植物可以做清明果，我们还发现了蕨菜。

二、展示食物材料，讲解制作过程

1. 教师展示烹饪工具，强调安全注意事项。

（1）在户外时，不可以随意乱跑，看好自己的家庭成员。

（2）和火保持一定的距离，煎饼时注意安全。

2. 教师带领部分幼儿到后山布置场地，准备面糊。

三、小家庭分工合作，制作"春天的味道"

1. 老大负责分配小家庭任务。

老三负责挑拣清洗，老二负责切菜烹饪，老大负责生火煎饼。

2. 教师巡回指导和帮助，拍照留念。

四、分享成果，评选最美食物

1. 教师分发餐具，幼儿食用。

2. 幼儿评选美食，相互交流。

五、活动结束

教师与幼儿一起收拾材料、清洗工具。

活动反思：

清明将至，家长们利用周末时间带着孩子到户外踏青，寻找大自然的馈赠——清明草。清明草制作方法有很多种，孩子们都能够略说一二。

野炊是孩子们最喜欢的游戏之一，他们主动地搬运烹饪材料，收拾和整理场地的卫生。活动前，教师与幼儿探讨清明草的制作方法以及准备材料。老二、老三根据老大的分配任务，各自开始忙碌起来，一起体验团队合作的乐趣。

利用周末时间到户外采清明草

小小煎饼师

活动十：笋之味

组织形式：

集体混龄

活动目标：

1. 老大了解春笋的生长环境，初步学习春笋的制作方法。

2. 老二、老三知道春笋是竹子生发出来的嫩芽，是一种时令美食。

3. 体验共同制作的乐趣，品尝春天的味道。

活动准备：

经验准备：挖笋的经历。

物品准备：家庭挖笋的照片、电磁炉、锅、新鲜春笋、菜刀、餐具。

活动过程：

一、图片导入，引出话题

1. 教师出示挖笋经历的图片。

2. 幼儿分享交流春笋的生长环境。

二、春笋美食的制作

1. 出示新鲜春笋。

师：小朋友们，春笋是竹子生发出来的嫩芽，这里有一些你们周末跟着爸爸妈妈上山挖到的春笋。你们知道春笋哪个部位可以吃吗？它有什么做法吗？今天我们一起来尝试制作这道春笋美食吧！

活动记录与对话：

萌萌（老大）：我有见过我奶奶煮笋，可以和肉炒起来吃。

烁霖（老二）：我妈妈会把它拿去煮排骨汤喝。

2. 制作准备。

（1）老大将春笋拿去清洗并剥开皮。

（2）教师提前准备好开水及厨具，介绍切笋的方式及形状。

师：笋要切成一小块的才适合，容易煮熟哦！

3. 教师带领幼儿煮笋。

三、笋之味

1. 幼儿领取餐具，教师将煮好的春笋分给每位孩子。

2. 品尝后，相互分享自己的想法，说说味道如何。

活动记录与对话：

曦曦（老二）：春笋吃起来脆脆的，味道很香！

书颜（老三）：老大煮的超级好吃，真棒！

四、活动小结

师：春笋是春天才会生长的，还有其他制作的方法，你们回去可以和爸爸妈妈交流哦！

活动反思：

笋是自然界的一种植物，在生活中比较常见。在周末老大组织弟弟妹妹到山上挖笋，了解春笋的生长环境。

活动开始前，我们提供了一些春笋实物，让孩子们闻一闻春笋刚出土的泥味。老二剥皮、老三清洗、老大负责切块和烹饪，合作特别默契！活动延伸至美术活动，老大尝试观物写生，老二、老三剪贴线描画，进一步观察和描绘春笋的外观特征。

挖呀挖呀挖

这是我们收获的春笋

活动十一：春茶发芽啦

组织形式：

中、大混龄

活动目标：

1. 老大完整讲述春茶的生命之旅。
2. 老二能够认真倾听，初步了解春茶的知识。
3. 感知春茶神奇的生命，愿意亲近自然。

活动准备：

《春茶》PPT

活动过程：

一、谈话导入，点出问题

师：春天到了，茶叶也开始发芽啦！你们知道春天的茶叫什么吗？与我们平常见到的茶叶有什么区别呢？（幼儿相互讨论）

> 活动记录与对话：
>
> 逗逗（老大）：是不是叫春茶？因为它是春天的茶。
>
> 花生（老二）：婆婆说因为它是春天长出来的茶叶，所以叫春茶。

教师小结：春天的雨水比较多，气温适中，有助于茶叶的生长。冬天刚走，很多病虫还没苏醒，茶叶不容易受到伤害。

二、探索"春茶"的秘密

1. 幼儿欣赏绘本故事，交流讨论茶的形态和生命之旅。

茶的三次生命：第一次是茶在茶树的生长；第二次是茶农采摘、翻炒、揉捻等过程，继而出落

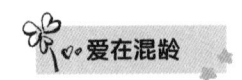

成自己特有的茶形;第三次是茶叶被水滋润后,舒展出身姿,溢出自己的香气。

2. 鼓励老大完整讲述绘本中的内容,引导老二认真倾听。

三、户外观察春之茶

1. 教师组织幼儿到茶园观察。

师:幼儿园的春茶也发芽啦,我们一起去看看吧!

2. 幼儿自由活动,感知春茶的生命力,尝试采下一叶一芽。

3. 教师巡回指导,并拍照。

四、活动小结

幼儿相互分享户外采摘春茶的感受。

活动反思:

我们的家乡——武夷山,盛产大红袍茶叶,孩子们在茶文化的氛围下熏陶成长。三月是春茶的采摘季节,也是万物复苏的季节,以此作为话题的"引子"展开活动。

本次活动我们重点发展老大对于春茶的概念认知,学会完整地讲述绘本内容,了解茶的三次生命。老二的参与度偏少,重在学会认真倾听,初步感知武夷春茶的神奇。此后,我们也在思考:这个活动是否要加入老三?还能延伸出什么活动?

爸爸妈妈帮助我们收集春茶的资料

这是我的调查结果

活动十二：春茶的味道

组织形式：

集体混龄

活动目标：

1. 老大学会春茶的冲泡方法。
2. 老二、老三初步了解春茶的功效，知道喝茶能给人带来健康。
3. 共同感受和交流春茶的味道，体验武夷茶文化的魅力。

活动准备：

经验准备：春茶的知识储备。

物质准备：春茶的泡制视频、春茶、茶具、水、音乐。

活动过程：

一、谈话导入，回忆春茶的特点

师：小朋友们，前几天我们认识了春天的茶——春茶，还记得它有哪些特点吗？（引导幼儿回忆上次活动内容）

二、了解春茶的功效

1. 教师提问，幼儿交流。

师：你们知道喝春茶有哪些功效？

2. 幼儿分享春茶对身体的好处。

活动记录与对话：

嘉懿（老大）：妈妈喝了可以美容，变得更漂亮！

贝贝（老二）：会让自己的身体更健康，不容易生病。

小结：大家说得特别好，春茶能够使人提神醒脑、利水消肿、防暑降温、保护血管、改善肠胃功能，但也要适量哦！

三、学习冲泡春茶的方法，品尝和交流

1. 教师播放视频，重点引导老大学习春茶的冲泡方法。

师：接下来，我们通过视频一起来感受和学习春茶的冲泡方法吧！

（引导幼儿讨论春茶的冲泡方法，教师小结并重点指导老大）

2. 提醒幼儿注意用水方法，小心使用茶具。

3. 小家庭分组，老大泡春茶，老二、老三品茗。鼓励幼儿在品茶的过程中，与同伴分享交流感受。

活动记录与对话：

葵葵（老二）：我看到叶片在开水里面翻滚，好神奇呀！

钰瑶（老三）：春茶会变颜色，喝起来甜甜的！

四、活动延伸

与幼儿一起创设茶艺区。

活动反思：

在上个活动中，我们带领幼儿了解了春茶的一些常识，感受了春茶的生命力量，在活动的过程中我们发现孩子们对此特别感兴趣！为了满足他们进一步的探索需求，因此，我们老师向园里申请采购了一些春茶，引导幼儿开展本次探索活动。

首先，我们让孩子观察春茶和其他茶叶的区别，包括冲泡后叶片的形态变化，老大、老二能够进行简单地讲述，老三倾听和感知。春茶有许多的功效，如：美容养颜、提神醒脑、利水消肿等。通过大孩子们的讲述可知，他们平时对春茶的了解特别深入！

快来闻闻春茶香不香

喝茶使身体更健康

主题二 我是小菜农

"我是小菜农"主题由来

蔬菜是小朋友们日常生活中都要接触到的,很多孩子会头头是道地说:"蔬菜很有营养的,多吃蔬菜身体好。"而实际上我们发现,小朋友们无论是对蔬菜的认识程度还是对蔬菜的喜爱程度都是不足的,有的小朋友只能说出两三种最常见的蔬菜名称,有的小朋友用餐时会悄悄地把蔬菜拨在一边……

那么如何唤起混龄班小朋友对蔬菜的喜爱之情,使幼儿在自然、快乐的环境中学习和认识蔬菜外形特征和营养价值,体验种植蔬菜的乐趣?于是"我是小菜农"这一主题便产生啦!

第一辑　我与自然

主题网络图

我是小菜农

认识蔬菜
- 音乐：蔬菜歌
- 语言：我知道的蔬菜
- 美术：写生：蔬菜
- 科学：蔬菜宝宝排排队
- 美术：蔬菜拓印

照护蔬菜
- 实践：秋种
- 美术：制作菜牌
- 科学：照顾小菜园
- 科学：自制杀虫剂

分享
- 综合：我是烹饪师
- 科学：蔬菜你别跑

37

活动一：我知道的蔬菜

组织形式：

集体混龄

活动目标：

1. 老大、老二能完整地描述蔬菜的外形特征。

2. 老三能说出蔬菜的名称。

3. 养成倾听的习惯，感受蔬菜的多样性。

活动准备：

胡萝卜、长豆、蒜、洋葱等常见的蔬菜实物

活动过程：

一、手指操导入，激发兴趣

师：小朋友们，今天我带来了一个好玩的手指操《蔬菜水果歌》，快跟着我一起做吧！（播放音乐）

二、小家庭分组，自主讨论

1. 结合自己原有的生活经验，与同伴交流自己知道的蔬菜。

（1）老大引导弟弟妹妹讲述蔬菜的名称。

（2）哥哥姐姐介绍蔬菜的外形特征。

2. 小家庭汇报，请家庭推荐1名代表汇报，说说蔬菜名称及外形特征。

师：谁愿意代表自己的小家庭向大家介绍你们知道的蔬菜，它们长什么样子？

活动记录与对话：

贝贝（老大）：藕是白白的，里面还有很多的洞。

安吉拉（老二）：我最喜欢西兰花，它是绿绿的，和小草一样。

三、魔术游戏

游戏一"我说你摸"：幼儿根据教师提示的蔬菜名称（如：请你变出萝卜）从魔术箱里摸出指定的蔬菜，并说出它的形状和颜色。（适合老二、老三）

> 活动记录与对话：
>
> 老师：请你变出扁豆。
>
> 葵葵（老三）：扁豆是扁扁的、绿绿的、弯弯的，像月亮。

游戏二"我摸你说"：每人从魔术箱中摸出一种蔬菜，描述其外形特征或说出相关谜语，让其他幼儿猜一猜是什么蔬菜。（适合老大）

> 活动记录与对话：
>
> 陈治（老大）：这个蔬菜长长的、绿绿的，上面有些小刺。
>
> 小米（老二）：是丝瓜吗？
>
> 花生（老二）：是苦瓜吗？
>
> 陈治（老大）：都不是，既然你们猜不到，那我就告诉你们吧！是黄瓜。

四、活动小结

师：神奇的魔术时间结束啦，今天你们玩得开心吗？每种蔬菜像小朋友一样，都有自己的名字和外形特征，多吃蔬菜会变得更健康哟！

活动反思：

让教育回归真实生活，让孩子回归自然环境。本次活动的主要目的，是让孩子回归到真实生活中去了解蔬菜的外形特征，引导幼儿用他们独特的视角用心观察，寻找大自然中大大小小的秘密。

活动中，老大能够完整地讲述每种蔬菜的外形特征，老二能够根据外形特征说出名称，学习认真倾听。通过本次活动，孩子们感知到了蔬菜的多样性。

淘淘在介绍蔬菜　　　　　　　　　　这是洋葱

活动二：蔬菜歌

组织形式：

集体混龄

活动目标：

1. 老大能用不同的蔬菜名称创编儿歌。
2. 老二、老三学习问答式节奏儿歌，并能按节奏回答句子。
3. 能大胆地猜猜、讲讲、动动。

活动准备：

蔬菜图片（正面没涂色，反面有涂色）

活动过程：

一、出示蔬菜导入，激发幼儿的活动兴趣

师：小朋友们，快看！今天我带来了哪些蔬菜宝宝呢？

二、小游戏：猜猜我是谁

1. 教师逐一出示黄瓜、豆芽、番茄、茄子等蔬菜图片（没涂颜色的一面）。

提问老二、老三：这是什么蔬菜？仔细看看，它们有颜色吗？

2. 请幼儿说说蔬菜的颜色。老师将图片翻过来，即红红的番茄、绿绿的黄瓜等。

3. 用同样的方法说出其他蔬菜的颜色。

三、我来编歌词

1. 根据蔬菜颜色来编儿歌，提问老二、老三。

（1）番茄篇：什么蔬菜红红的？引导幼儿说出"番茄番茄红红的"。

（2）豆芽篇：什么蔬菜黄黄的？豆芽豆芽黄黄的。

（3）茄子篇：什么蔬菜紫紫的？茄子茄子紫紫的。

2. 提问老大：除了蔬菜以外，还可以仿编哪些带颜色的歌词呢？

> 活动记录与对话：
>
> 丁（老大）：天空是蓝色的，天空天空蓝蓝的。
>
> 恩琪（老大）：小草小草绿绿的。

四、学习歌曲《蔬菜歌》

1. 教师播放歌曲，幼儿欣赏并说出歌词里的蔬菜的名称和颜色。
2. 分组练习，老大完整演唱，老二、老三跟唱。
3. 集体演唱，尝试创编肢体动作。

五、活动小结

师：今天我们学习了蔬菜的颜色，创编许多不同的歌词，太棒啦！

活动反思：

本次活动的内容比较有趣，与孩子们的互动性较强。通过"翻牌"游戏，引导老二、老三说出颜色的叠词，如：红红的、绿绿的、紫紫的等等，加深其对蔬菜的认知。

为了加大难度，我们添设了创编歌词和动作的环节。除了说出蔬菜的颜色之外，幼儿还使用"××是××颜色的"句式表达。老大在创编动作时，能够发挥自己的想象力，大胆地利用身体部位创编动作。

附歌词：

　　大萝卜水灵灵

　　小白菜绿莹莹

　　西红柿像小灯笼

　　黄瓜一咬脆生生

　　多吃蔬菜身体好

　　壮壮实实少生病

活动三：蔬菜写生

组织形式：

大班年龄教学

活动目标：

1. 熟知蔬菜的外形特征。

2. 能够运用点、线的排列组合简单表现蔬菜的内部结构。

2. 对写生活动产生兴趣。

活动准备：

青椒、玉米、胡萝卜、茄子等蔬菜，写生板和画纸

活动过程：

一、出示蔬菜，引起幼儿的兴趣

师：老大们，一起看看这些是什么蔬菜？（引导幼儿说出蔬菜的名称）

二、观察蔬菜的特征，说一说

1. 细致观察蔬菜，讲述蔬菜外形特征及细节特征。

师：它们的外形是什么样子的？再仔细看看，发现哪些小的秘密？（与同伴讨论蔬菜的外形结构和细节）

活动记录与对话：

筱佑（老大）：青椒摸上去很光滑，凹凸不平的。

闻子（老大）：把玉米绿色的外皮剥掉，果实是黄色一粒一粒排列的。

---

2. 引导幼儿用点、线的排列组合形式，简单地表现蔬菜的外形特征。

3. 分享初稿，教师小结。

三、幼儿创作，教师巡回指导

1. 教师介绍绘画材料，提醒幼儿绘画时认真观察。
2. 幼儿自主选材，教师帮助和引导能力较弱的幼儿。
3. 欣赏作品，分享创作感受。

> 活动记录与对话：
>
> 豆豆（老大）：这是我画的半个青椒。
>
> 贝贝（老大）：我画的玉米怪兽，上面一粒粒的玉米都变异了。

四、活动小结

师：今天我们认识了这么多的蔬菜，每种蔬菜都有不同的特征，吃蔬菜可以让身体变得更健康，我们要养成不挑食的好习惯哦！

活动反思：

蔬菜是伴随我们一生的食品，它种类繁多、色彩丰富、形态各异而美丽，且便于造型。幼儿在生活中常常见到和品尝到它们，却忽略了进一步探索蔬菜秘密。

在活动中，老大通过观察蔬菜的外形特征，讨论如何绘画。尝试运用点、线的排列组合形式，简单地表现蔬菜的细节特征。通过本次活动，老大体验到写生绘画的快乐，他们懂得实践是学习的最好方式。

细细的胡萝卜

老大们在临摹蔬菜

活动四：蔬菜拓印画

组织形式：

中、小混龄

活动目标：

1. 老二能够以添画的方式装饰拓印作品。

2. 老三用蔬菜的切面进行拓印，了解美术活动的多样性。

3. 感受拓印画带来的乐趣。

活动准备：

菜花、油菜、胡萝卜、大辣椒、莲藕等蔬菜，水粉颜料、调色盘若干，纸张

活动过程：

一、实物导入，激发幼儿的活动兴趣

师：小朋友们，早上好！一起来看看今天我带来了哪些蔬菜呢？（引导幼儿分别说出蔬菜名称）

活动记录与对话：

墨墨（老二）：莲藕里面有很多的小洞洞。

朔朔（老三）：红红的是辣椒，很辣！

二、观察蔬菜的切面特征

1. 提问老二：你们知道蔬菜切开后是什么样吗？（引导幼儿大胆想象）

2. 教师分别切开几种蔬菜，引导幼儿观察蔬菜切面，提问老三：你看到了什么？

三、学习拓印方法

1. 出示图片，提问老三：用到了哪些蔬菜宝宝？

2. 提问老二：除了用蔬菜拓印的图案外，还可以添加什么图案进行装饰？

> 活动记录与对话：
>
> 花生（老二）：可以画小花、爱心来装饰。
>
> 烁霖（老二）：还可以画些线条。

3. 感受拓印作画方式，学习拓印画的步骤和添画的方法。

四、蔬菜拓印画创作

1. 分发绘画材料，幼儿自主创作，老三负责拓印，老二负责添画。

2. 教师提醒幼儿拓印需注意的事项：手要用力向纸上按，将纸固定不能移动；用完的蔬菜宝宝要放回原处，不争不抢；蔬菜宝宝的图形及蘸的颜色可多选择一些。

五、活动小结

教师将幼儿陆续完成的作品悬挂展示，召集幼儿集中欣赏作品，并请幼儿说一说：自己喜欢哪一幅画？喜欢的原因是什么？

活动反思：

蔬菜在生活中比较常见，但蔬菜的切面对于幼儿来说比较陌生。我们以拓印的方式来引入，在参与拓印作画的过程中学会观察、探究和表述。

活动过程中，老二通过观察实物、大胆想象，学习以添画的方式装饰拓印作品，老三尝试用蔬菜的切面进行拓印，了解美术活动的多样性。建议选择切面比较有特点的蔬菜，这样绘画出来的效果更佳！

活动五：蔬菜宝宝排排队

组织形式：

中、小混龄

活动目标：

1. 老二能根据蔬菜的形状、颜色、触感等特征进行分类。

2. 老三能够按物点数。

3. 通过活动，体验与同伴相互分享的快乐。

活动准备：

实物（萝卜、黄瓜、番茄、茄子、青椒）、青菜图片、生日蛋糕图片、小布袋

活动过程：

一、谈话导入，激发幼儿的兴趣

师：小朋友们，快看！这是哪些蔬菜宝宝呢？

二、观察实物，说一说

1. 教师出示蔬菜，引导幼儿运用感官探索蔬菜的特征。

（1）说一说，看起来……

（2）说一说，摸起来……

2. 提问老三：有几种蔬菜宝宝？（引导老三按物点数）

活动记录与对话：

玮玮（老二）：茄子摸上去软软的，很光滑！

果果（老三）：让我来数数，1、2、3、4、5，一共有5种蔬菜宝宝。

---

3. 总结点数的注意事项。

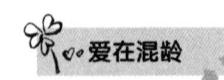

三、"蔬菜宝宝"排排队

1. 提问老二：如果请蔬菜宝宝整整齐齐排好队到蔬菜奶奶家为她过生日，你们觉得该怎么排队呢？为什么？（引导幼儿根据物体的形状、颜色、触感等特征进行分类排列）

2. 提问老三：谁愿意来帮助蔬菜介绍它自己呢？

四、"蔬菜奶奶"过生日

集中幼儿，一起为蔬菜奶奶唱生日歌，分生日蛋糕。

五、活动小结

师：蔬菜奶奶谢谢各位小朋友们的祝福，她今天玩得特别开心！对啦，小伙伴们之间要学会相互分享哦！

活动反思：

人体感官对幼儿的生长发育非常重要，我们结合本月主题，发展幼儿对物体形状的表述能力。

老二能够根据物体的形状、颜色、触感等特征进行分类，老三在哥哥姐姐的带领下按物点数，知道蔬菜的名称和特征。在活动中，幼儿体验到与伙伴们之间互帮互助的快乐。

让我摸摸看这是什么蔬菜

多种多样的蔬菜

活动六：秋种

组织形式：

集体混龄

活动目标：

1. 老大能够按照步骤种植菜苗，带领弟弟妹妹参与种植活动。

2. 老二、老三学会照顾菜苗的方法，如：松土、施肥、拔草等。

3. 体验种植劳作的乐趣。

活动准备：

小菜苗、种植工具、滑石粉、遮阳帽、雨鞋、汗巾

活动过程：

一、谈话导入，激发幼儿的兴趣

师：小朋友们，幼儿园菜园里有一块空菜地，大家想不想去种小菜苗？你们想种哪些菜苗呢？

二、图片展示，分组讨论

1. 教师出示菜地图片，提问老大：混龄班一共有几组家庭呢？这些菜地该怎么划分？

师：可以用滑石粉做标记来划分区域。

2. 家庭讨论：家庭成员间怎样分工合作？

> 活动记录与对话：
>
> 坤坤（老大）：老大力气比较大，可以做一些重活。
>
> 楠楠（老三）：我可以浇水吗？我很喜欢浇水。

三、"占领"家庭菜地

1. 幼儿到菜地集中，教师讲解种植活动注意事项，提醒幼儿不争不抢不拥挤。

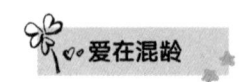

2. 老大领取菜苗到各自的领地，指导弟弟妹妹种植的方法。

活动记录与对话：

芷岩（老大）：浩博，你帮忙挖坑，然后我播种和盖土。

浩博（老二）：好的，那老三干吗呀？

芷岩（老大）：圈圈浇水就好啦！

4. 教师巡回指导，拍下精彩瞬间。

四、活动小结

休息喝水，清洗和收拾完工具后回家。

活动反思：

秋天是收获的季节，更是积累的季节。在主题活动中，孩子们通过简单的劳动，了解蔬菜的种植过程，并能够用较连贯的语言表达劳作的感受。

活动前，我们与孩子一起商量种菜用到的工具，讨论如何划分菜地。本次活动考验了老大的领导能力，学会根据工作难度给弟弟妹妹安排任务。家庭成员间相互分工合作，体验种植劳作的乐趣。

绿绿的小白菜

逗逗和爸爸一起铲土

活动七：制作菜牌

组织形式：

中、大混龄

活动目标：

1. 老大能用不同工具、材料设计并制作菜牌。
2. 老二能够与老大协商，完成菜牌图案的创作。
3. 体验合作制作菜牌带来的成就感。

活动准备：

木牌子、颜料、记号笔

活动过程：

一、图片导入，回忆活动

师：小朋友们，你们还记得前几天到菜园种蔬菜了吗？我们一起来通过图片看看蔬菜宝宝们长得高不高。（出示图片）

二、讨论和示范制作方法

1. 提问老二：怎样才能让别人一眼就认出你们家庭的菜园呢？
2. 提问老大：可以用什么材料和方法制作菜牌？你们想设计怎样的图案来表示是自己家庭的菜园？（引导老大结合自己小家庭号数来设计）
3. 老大与老二进一步讨论，并设计出图案初稿。

三、设计家庭菜牌

1. 老大与老二自主选材，分工合作。

> 活动记录与对话：
>
> 贝贝（老大）：玮玮我来画图案，你来涂色，可以吗？
>
> 玮玮（老二）：那我去拿个蓝色的颜料来吧！

2. 提醒幼儿注意深浅颜色的搭配，保持桌面和衣物的整洁。

3. 家庭间分享菜牌制作的过程以及分享设计意图。

> 活动记录与对话：
>
> 可可（老大）：我们是8号家庭，所以我们画了个小葫芦。
>
> 小雨（老大）：大朵的花代表老大，中等的是老二，最小朵的是老三。

老大负责设计

四、"插牌"仪式

1. 集中幼儿，带上自己家庭的菜牌来到菜园，将菜牌插入土里。

2. 鼓励老大作为小导游，牵着弟弟妹妹的手参观小菜园。

五、活动小结

师：小菜园在大家的帮助下变得越来越漂亮，记得要经常来照顾它们哟！

十号家庭菜牌完成

活动反思：

种植活动一旦进入幼儿园，它就不再是纯粹的种植，而是承载着诸多教育价值的课程，能激发幼儿热爱自然的情感。

前段时间，孩子们在菜地里种植了许多的蔬菜。有一天，户外散步时发现他们认不出自己的菜园，大家开始思考如何解决。老大组织弟弟妹妹一起讨论菜牌装饰，分配好工作后开始各自忙碌。最后，家庭小菜牌插到菜地的时候，成就感满满！

活动八：照顾小菜苗

组织形式：

集体混龄

活动目标：

1. 老大学会正确地使用量尺，记录菜苗的生长过程。
2. 老二、老三能够使用工具照顾小菜苗，如：浇水、拔草、施肥等。
3. 感受蔬菜种植的不易。

活动准备：

菜园图片、绘画材料、劳动工具

活动过程：

一、谈话导入，回忆之前的种植活动

师：上个月我们种在菜地的小菜苗是怎样的？长得多高？你们觉得现在有没有变化？谁愿意来说一说？

活动记录与对话：

陈治（老大）：我的空心菜长高了一点点，但是有的枯萎了。

珈企（老三）：我们家庭种的玉米长得很高，但是有的叶子上有洞。

二、讨论照顾菜苗的方法

1. 提问老大：蔬菜为什么会枯萎？叶子上为什么会出现虫眼？

活动记录与对话：

佩琪（老大）：太阳太大，把蔬菜的水分都晒干了。

嘉懿（老大）：我们没有给蔬菜捉虫，所以叶子才会有洞。

爱在混龄

2. 提问老二、老三：你们知道有哪些照顾小菜苗的方法吗？

3. 鼓励幼儿大胆讲述自己的想法，引导弟弟妹妹认真倾听。

三、照顾小菜苗

1. 家庭商量分工合作。

2. 教师出示尺子和工具，简单讲解使用方法。

3. 老大正确使用尺子，记录下小菜苗现在的身高和样子；老二、老三给小菜苗浇水、施肥，将周边的杂草拔掉。

四、活动小结

师：在大家的帮助下，小菜苗变得精神了，以后照顾菜园的任务就交给混龄班的小朋友，希望小菜苗和你们一起健康地成长！

活动反思：

护一棵小嫩苗，植一抹清新绿。孩子们在活动中尽情地看看、听听、想想、做做，满足好奇心和主动发现、主动探究的愿望，获取最真实的感受。

活动中，老大主动与弟弟妹妹商讨如何照顾好自己家庭的小菜园，学会正确使用劳作工具。为了让老大养成记录的好习惯，我们引导老大正确使用尺子测量，记录下菜苗的生长过程。

浇浇水，长高高

记录下今天的成长

活动九：自制灭虫剂

组织形式：

集体混龄

活动目标：

1. 老大学习调配灭虫剂的方法。
2. 老二、老三知道益虫和害虫与人类的关系。
3. 增强幼儿保护生态环境的意识。

活动准备：

害虫和益虫图片、烟丝、醋、洗衣粉

活动过程：

一、图片导入，激发幼儿的兴趣

师：小朋友们，你们见过哪些虫子？谁愿意来与大家一起分享呢？（教师出示图片，幼儿展开讨论）

二、认识益虫和害虫

1. 提问老大：我们认识了这么多的虫子，哪些会伤害蔬菜？哪些不会呢？

> 活动记录与对话：
>
> 芷岩（老大）：菜蛾、蜗牛会把蔬菜的叶子吃掉。
>
> 博博（老大）：爸爸说七星瓢虫会保护蔬菜，是真的吗？

2. 提问老二：益虫和害虫对人类有什么影响呢？
3. 讨论：如何保护益虫？对于害虫该怎么办？如何保护蔬菜？

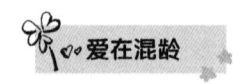

> 活动记录与对话：
>
> 皓扬（老三）：我们可以制作灭虫剂消灭害虫。
>
> 贝贝（老大）：不能随便割草和砍树，要给益虫留一个家。

4. 教师小结。

三、制作灭虫剂

1. 教师出示制作材料：烟丝、醋、洗衣粉、容器等，引发小家庭之间的讨论，鼓励幼儿大胆地说一说自己的想法。

2. 观看灭虫剂的制作方法，引导老大进行简单的描述。

3. 小家庭分组，自主领取材料制作灭虫剂。

四、"灭虫小分队"出发啦

教师带领幼儿到小菜园，交代一些安全注意事项，幼儿使用自己制作的灭虫剂进行灭虫，增强幼儿保护蔬菜生长环境的意识。

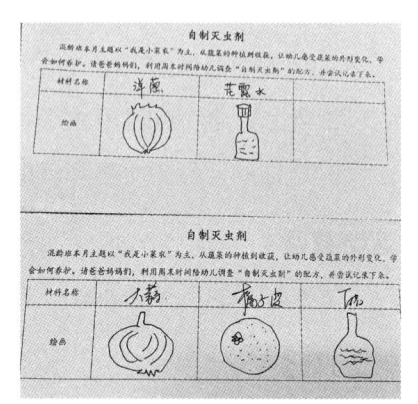

杀虫剂配方

五、活动小结

师：今天我们学会用烟丝、醋和洗衣粉调制灭虫剂，帮助蔬菜宝宝健康成长，你们真的太棒啦！我们要学会保护益虫，保护生态环境哦！

活动反思：

混龄班的小菜园在小朋友们的照顾下健康成长。幼儿每天在种植园里观察和探索，时常发现有一些昆虫出没，他们好奇心满满！

昆虫有分益虫和害虫，它们对于大自然的生态环境有着重要的作用。在本次活动中，老大讨论和学习灭虫剂的制作方法。老二、老三能够区分害虫和益虫，一起保护我们的生态环境，体验到科学操作的乐趣。

活动十：我是烹饪师

组织形式：

集体混龄

活动目标：

1. 老大能够制作美食，初步尝试创新。
2. 老二、老三认识各种厨具，知道其使用方法。
3. 感受食物的来之不易，体验成功的喜悦。

活动准备：

各种蔬菜、厨具、视频

活动过程：

一、谈话导入，引起幼儿兴趣

师：小朋友，早上好！周末你们和爸爸妈妈一起去逛菜市场，买了哪些蔬菜？回家后妈妈是怎么烹煮的呢？

> 活动记录与对话：
>
> 葵葵（老三）：我和爸爸妈妈、哥哥一起到学院的菜市场，买了许多的蔬菜。
>
> 逗逗（老大）：妈妈买了西红柿，煮了一道西红柿蛋汤。

二、图片分享，说一说

1. 教师出示各种蔬菜和美食的图片，引导讨论。

   提问老大：蔬菜如何制作成美食？

2. 出示厨具图片，提问老二、老三它们是怎么使用的。

> 活动记录与对话：
>
> 筱佑（老大）：黄豆可以磨成豆浆。
>
> 朔朔（老三）：锅铲可以将蔬菜翻来翻去！

三、通过讨论，梳理美食制作流程

1. 三个家庭组合，商量决定制作哪种菜肴，并制定所选菜肴的烹煮流程，老大负责记录。
2. 家庭成员之间讨论如何分工合作。

四、我是小小美食家

1. 教师与幼儿讨论使用厨具、餐具的安全注意事项。
2. 幼儿分工合作，老二、老三清洗蔬菜，老大负责切菜、择菜。
3. 共同参与菜肴制作。

五、美食分享时间

教师将制作好的美食盛出来，由老大负责分发给老二、老三，提醒他们细嚼慢咽，保持桌面和地面的整洁。

> 活动记录与对话：
>
> 玮玮（老二）：味道超级棒！
>
> 小米（老大）：弟弟妹妹们慢点吃，小心烫着哦！
>
> 珈企（老三）：回家之后，我要把这道美食分享给我的爸爸妈妈。

六、活动小结

师：今天我们不仅认识了许多的蔬菜，还学会了如何制作美食，玩得开心吗？回家以后可以帮助爸爸妈妈一起制作食物，小朋友们也可以去尝试一下哟！

活动反思：

烹饪实践活动是幼儿园孩子们最喜欢的活动之一，能够自主动手操作实践，认识到不同的烹饪工具，品尝到劳动的成果。

活动中，小家庭成员分工合作，老大负责比较难的工作，如：切菜、煮菜等，老二、老三可以辅助完成洗菜、择菜工作。大家都能够积极地参与到活动中，提升自我服务及为他人服务的能力。

我会切西红柿　　　　　　　　　　**好吃的西兰花**

活动十一：蔬菜什么部位可以吃

组织形式：

中、大混龄

活动目标：

1. 老大能够辨别常见蔬菜可食用的部位。
2. 老二了解蔬菜的营养价值。
3. 养成良好的饮食习惯，知道多吃蔬菜对身体好。

活动准备：

蔬菜实物（根、叶、果、茎）、统计表

活动过程：

一、实物导入，激发幼儿的兴趣

师：每天无论是在家还是在幼儿园，我们都要吃许多的蔬菜，你们喜欢吃什么蔬菜呢？

二、说说蔬菜的什么部位可以吃

1. 师：猜猜我喜欢吃什么蔬菜？（出示胡萝卜）

提问老二：我们吃的是胡萝卜的什么部位呢？

> 活动记录与对话：
>
> 玮玮（老二）：胡萝卜橙色的地方是可以吃的，绿色的地方不能吃。
>
> 俊衡（老二）：我们吃的是胡萝卜的根。

2. 出示其他蔬菜，提问老大、老二：说说这些蔬菜什么部位可以吃？
3. 教师小结：不同蔬菜吃的部位不同，有的吃叶子、有的吃果实、有的吃根茎。

三、我给蔬菜分分类

1. 出示分类表，讲解分类表的记录方式。

师：接下来，想请老二将蔬菜运到框里，老大帮忙统计出不同蔬菜可食用的部位。

2. 分发材料，引导幼儿尝试按照蔬菜可食用的部位进行分类。

3. 集中幼儿，相互分享自己的统计结果。

> 活动记录与对话：
>
> 陈治（老大）：把蔬菜分为四种，按照根、叶、果、茎的方式。
>
> 恺恺（老大）：我们不会写字，用图画的形式记录。

四、活动小结

师：今天我们了解到了不同蔬菜可食用的部位也不同，要记得多吃蔬菜水果，身体才会变得更强壮哟！

活动反思：

蔬菜主题已接近尾声，孩子们对于蔬菜的认知还有待加强，因生活经验不够丰富，分不清蔬菜什么部位可以吃。

通过观察蔬菜实物，幼儿探索不同蔬菜能食用的部位，并简单说出原因。老二通过观察和模仿，学会给蔬菜进行分类。家庭合作用绘画图案的方式记录下结果，激发幼儿对科学活动的探索欲望。

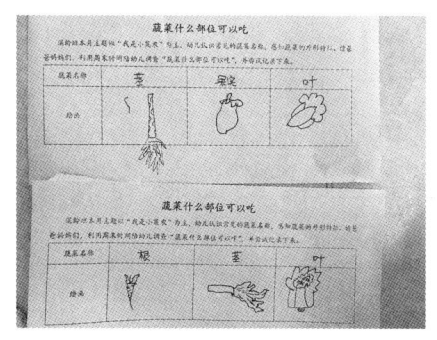

蔬菜可食用的部位

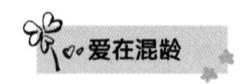

主题三 我爱地球村

"我爱地球村"主题由来

在浩瀚的宇宙里,悬浮着一颗蓝色的星体。它有海洋、陆地、森林和河流。这是我们的家园——地球。

本次主题,引导孩子去了解地球。它如今生病了,它为什么会生病呢?混龄班的家庭成员围绕着这个话题展开了激烈的调查和讨论。

主题网络图

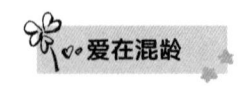

活动一：地球像身体

组织形式：

大班年龄教学

活动目标：

1. 初步认识地球，了解地球的组成部分及七大洲的由来。
2. 能够将地球和自己身体联系在一起，大胆进行联想并完整表达。
3. 感受地球的神奇，乐于探索地球奥秘。

活动准备：

地球仪、立体世界地图、地球图片

活动过程：

一、出示地球图片，引出话题

师：我们住在哪里？你喜欢地球吗？地球美吗？

二、幼儿观察，交流讨论

1. 出示地球仪，请幼儿观察地球形状。
2. 展示立体世界地图，介绍地球的组成。

师：我们的地球是由什么组成的？（幼儿观察并说出地球是由陆地和海洋组成的）

3. 教师分享故事，引导幼儿理解七大洲和国家的关系。

师：地球有七个孩子，其中欧洲和亚洲是一对双胞胎兄妹，大家亲密地住在一起。有一天，七个孩子决定分家，欧洲和亚洲首先分开，然后是非洲、北美洲、南美洲、大洋洲和南极洲。后来，这些洲有了自己的孩子——国家，但因为南极洲太冷，所以没有国家。

> 活动记录与对话：
>
> 玮玮（老大）：地球妈妈好伟大！
>
> 烁霖（老大）：我们中国也是地球妈妈的孩子。

三、展开联想，幼儿大胆表达

1. 引导幼儿将地球与自己身体进行联系。

2. 幼儿大胆完整地表达自己的观点。

小结：地球上的植被像头发、海洋像血液、陆地像皮肤、七大洲像内脏……地球上的任何东西和我们的生命息息相关。

四、活动总结

师：今天大家学习了地球的组成，并把它和我们的身体进行了联系，大家还可以回家查阅资料，看看地球上还藏着哪些秘密。

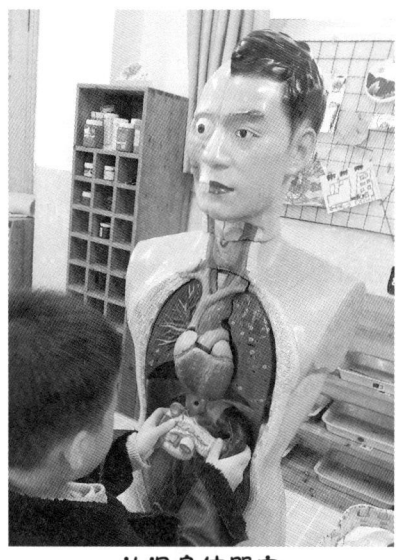

认识身体器官

活动反思：

地球是人类唯一的家园，和谐的生态环境是我们赖以生存的基础。地球仪成为老大感兴趣的玩具之一，空闲时喜欢围着地球仪观察，相互讨论各个国家。

在此期间，我们发现有部分孩子对地球的概念偏弱，真不知道地球有哪些大洲和大洋。经过教研组研讨后，建议用身体的器官来比喻，鼓励幼儿大胆想象，并说出配对的原因。在认识地球的同时，培养幼儿的思维逻辑和表达能力。

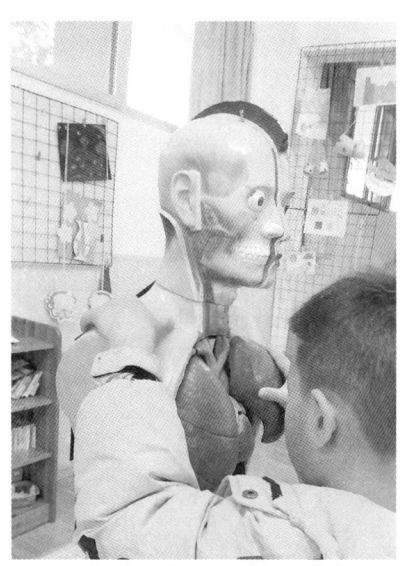

七大洲像我们身体的器官

活动二：自然灾害

组织形式：

集体混龄

活动目标：

1. 老大知道自然灾害的特点及原因，掌握基本的自我救护方法。

2. 老二、老三认识到自然灾害的危险性，初步学会自我保护。

3. 乐于参加模拟活动练习，提高应对自然灾害的能力。

活动准备：

各种灾害的图片、毛巾、桌椅和关于自然灾害逃生的视频等

活动过程：

一、提出问题，激发幼儿兴趣

师：小朋友们，你们知道地球上有哪些自然灾害吗？（引导幼儿说出火灾、地震、洪水、泥石流、火山喷发等自然灾害）

二、出示图片，引发讨论

1. 教师出示图片，提问老二、老三：图片中是哪些自然灾害？

> 活动记录与对话：
>
> 楠楠（老二）：我看到有地震。
>
> 昊霖（老二）：我知道，第三张图片是涨洪水。

2. 提问老大：你们知道是什么引起这些现象的吗？

三、深入了解自我救护方法

1. 播放视频，幼儿观察思考。

师：你们知道如何进行应对？

2.进一步引导幼儿学习各种自然灾害的应对方法。

> 活动记录与对话：
>
> 珈企（老二）：我知道火灾来了的时候，不能乘坐电梯。
>
> 响响（老三）：地震来了可以躲在桌子底下。

（1）火灾：与爸爸妈妈一起用湿毛巾捂住口鼻，弯腰从楼梯跑到空地。

（2）地震：如果可以逃生，尽快与爸爸妈妈一起从楼梯跑到空地，如果来不及的话，找到桌椅或空间小的地方，手抱头蹲好等待救援。

（3）洪水：与爸爸妈妈一起跑到最高处，备好部分食物等待救援。

小结：无论发生何种自然灾害，请不要恐慌乱跑！跟着爸爸妈妈一起逃生，用正确的方式保护自己。

四、逃生演练：地震中的自救

1.场地布置，利用教室的桌椅，情景模拟。

2.提醒幼儿有序练习，不慌张，相互关心。

五、活动小结

师：今天我们认识了地球上的自然灾害，还有不同的自救方法，小朋友们都学会了吗？

活动反思：

自然灾害教育是生命教育的重要组成部分，培养幼儿对自然灾害的意识，掌握躲避危险的逃生技能和方法是非常重要的。

利用图片的呈现，让幼儿了解各种自然灾害造成的后果，并尝试表述。有些画面比较悲惨，孩子们对此特别有感触，红了眼眶。最后，我们开始分组讨论遇到危险时逃生的技能，再进行模拟演练，提醒大孩子要向爸爸妈妈一样保护小孩子。

防震演练

消防演练

活动三：受伤的地球

组织形式：

集体混龄

活动目标：

1. 老大了解人与地球的关系，锻炼绘画和记录的能力。
2. 老二知道保护地球家园的方法，大胆表述自己的看法。
3. 老三能够认真倾听他人说话，愿意了解地球近期发生的事。
4. 萌生保护地球家园的意识。

活动准备：

美丽的地球图片，战争、疫情、污染等图片，投影电脑、调查表、儿歌《地球妈妈我问你》

活动过程：

一、话题导入，激发兴趣

师：美丽的地球是我们大家唯一的家园，有些地方因为被人破坏，地球妈妈开始生病，你们知道哪些原因呢？（战争、疫情、污染等）请老大回家与爸爸妈妈一起查阅资料，通过文字或图案的形式记录在调查表上，第二天带来给弟弟妹妹分享。

二、展示记录，幼儿表述

1. 教师将调查表内容投影至电脑上，请老大上台介绍自己所查阅到的资料。
2. 提问老大：你是用什么方法记录的？记录了哪些事件？

> 活动记录与对话：
>
> 葵葵（老大）：许多树木被人类砍伐，动植物都找不到自己的家。
>
> 朔朔（老大）：部分地区打仗，地球的空气都受到了严重的污染。

3. 教师提问，鼓励幼儿大胆回答问题。

提问老二、老三：你们通过哥哥姐姐的介绍，了解到哪些事件？

三、出示图片，引发讨论

1. 教师出示地球近期发生灾害的照片，引导幼儿展开讨论。
2. 通过对比前后图片，尝试说一说如何保护地球家园。

四、学习儿歌，情感升华

集体学习儿歌《地球妈妈我问你》。

五、活动小结

师：小朋友们，我们为了保护地球，一定要呼吁爸爸妈妈和身边的人不乱扔垃圾、减少私家车外出、节约用水用电哦！

谈一谈受伤的地球

活动反思：

近期热门话题——俄乌战争，严重破坏地球的生态环境。孩子之间的对话紧跟时事。探究讨论是幼儿满足对事物的好奇心，找到问题答案的必经之路。

给老大布置小任务，回家调查近期关于危害地球的重大事件，第二天带来与弟弟妹妹分享。为了让大家更直观地了解，活动中提供了几张重大事件的照片，许多孩子看到后为地球感到惋惜，讨论起如何帮助地球变得越来越好！

这是我们的调查记录

活动四：传递绿色

组织形式：

集体混龄

活动目标：

1. 老大能够单脚绕障碍连续跳 5 米，锻炼下肢力量。
2. 老二尝试平稳地手脚着地向前跳。
3. 老三学习开合跳的技巧方法。
4. 体验小家庭合作带来的喜悦。

活动准备：

音乐、音响、交通锥、青蛙垫、呼啦圈、红布条等

活动过程：

一、热身运动，活动全身肌肉

师：小朋友们，又到了体育锻炼的时间，先跟着我一起热身吧！（播放音乐）

二、激发兴趣，分组动作练习

1. 情境带入，激发幼儿的运动兴趣。

师：今天我们来玩一个家庭夺旗的游戏，游戏前问你们个小问题：知道跳有哪几种方式吗？

活动记录与对话：

柏霖（老二）：可以双脚一起跳。

楷雅（老大）：还可以前后脚跳。

---

2. 由三位教师带着孩子分组教学，老大练习单脚跳、老二练习青蛙跳、老三练习开合跳。

小结：大家都练习得特别好！接下来我们开始夺旗比赛吧！

三、开展游戏：家庭夺旗赛

1. 讲解规则及注意事项。

游戏规则：以家庭为单位，两组家庭进行 PK。老三手握接力棒从起点开合跳通过呼啦圈，老二手脚着地跳通过青蛙垫，由老大接过接力棒单脚跳绕过交通锥，最后夺旗牵着老二、老三跑回起点，先到达的家庭为胜。

2. 家庭小组单位，有序开展游戏。

3. 比赛结束，幼儿分享游戏经验。

小结：友谊第一比赛第二，输赢不重要，努力就可以啦！

四、活动总结

今天我们学习了不同跳的方式，有单脚跳、青蛙跳、开合跳，把掌声送给自己吧！最后，我们一起做做放松运动，休息喝水吧！

活动反思：

体育游戏除了发展幼儿的各项动作以外，还能够培养幼儿合作精神，拥有团结的意识。混龄班就是个小型社会，老大负责领导和组织、老二协助他人、老三听指令完成任务。

根据本班幼儿的动作发展，分年龄段设计不同的动作目标，以接力赛的方式，让幼儿产生竞争合作意识。老大在比赛时，老二、老三会不自觉地给他们加油，无形中萌发他们之间的友情和亲情，这就是混龄教育的意义。

看我跳呀跳

我在练习开合跳

活动五：可爱的企鹅

组织形式：

大班年龄教学

活动目标：

1. 了解企鹅的外形特征，以绘画的形式表现企鹅。
2. 学会运用重叠绘画的方法合理布局。
3. 体会绘画的乐趣，乐于在集体中分享作品。

活动准备：

示范画《企鹅》、绘画纸、记号笔、蜡笔

活动过程：

一、猜谜，激发幼儿的活动兴趣

师：今天请大家猜个谜语，猜一种动物：在南极有一种动物，它有着白乎乎的肚皮和黑色圆滚滚的胖身体，会游泳，走起路来一摇一摆的，是谁呀？（企鹅）你们会喜欢这么可爱的企鹅吗？

二、说一说企鹅的特征

1. 师：谁愿意来形容一下企鹅的样子？

> 活动记录与对话：
>
> 小宝（老三）：企鹅是胖胖的，走起路来很可爱。
>
> 霖颉（老二）：企鹅生活在很冷的地方。
>
> 安吉拉（老大）：企鹅的身上穿着黑色的衣服还有白白的肚子。

2. 教师边讲解边示范（一只企鹅）

问题一：企鹅长什么样儿？（椭圆形的身体、三角形的嘴巴、圆圆的眼睛）

问题二：企鹅身上有些什么颜色？（黑黑的身体、白白的肚皮、橙色的嘴巴和脚）

小结：小企鹅真可爱，胖乎乎的身体，小小的头，尖尖的嘴巴，有一对翅膀，短短的脚，穿着黑白相间的衣服。

三、幼儿创作，教师巡回指导

1. 分发绘画材料，幼儿自主选材。

2. 在作品中，出现重叠的时候，我们要先画前面的事物再画后面的事物。

3. 教师指导幼儿注意重叠的表现方法，鼓励幼儿大胆绘画创作。

四、作品赏析

集中幼儿，展示绘画作品，引导幼儿从作品的布局、企鹅外形的表现、重叠的处理这三方面进行介绍。

五、活动小结

师：地球上除了人类以外，动物也要生存，我们从小要知道保护地球哦！

活动反思：

本次活动的主要内容是让幼儿了解企鹅的外形特征，以绘画的形式表现企鹅，学习尝试用重叠绘画的方法合理布局，仔细观察企鹅的外貌特征，用自己的双手去画出想象中的企鹅家园。

绘画活动中，看得出来老大对企鹅特别感兴趣！过程中充分发挥幼儿的主体作用，鼓励老大积极地参与到活动中来。幼儿在自由探索绘画时能把自己的想法画出来。总体来说作品效果呈现较好。

活动六：我的家在地球

组织形式：

小班年龄教学

活动目标：

1. 知道地球的颜色，尝试用添画的方式表现地球的面貌。
2. 萌发保护地球环境的情感。

活动准备：

课件《我的家在地球》、卡纸、油画棒、黑色水彩笔、地球图片

活动过程：

一、导入部分

1. 提问幼儿：我们住在哪个星球上呀？（地球）
2. 播放视频。

（1）播放课件《我的家在地球》，幼儿欣赏在太空鸟瞰下的地球，了解地球上各种各样美丽的生物以及人类现代生活的环境等。

（2）提问：地球上都有些什么？（引导幼儿大胆回答问题）

> 活动记录与对话：
>
> 曦曦（老三）：有树、水，还有动物。
> 晴朗（老三）：有花、草，还有我们人。

二、出示图片，幼儿交流

1. 教师出示图片《我的家在地球》，引导幼儿欣赏作品。
2. 请幼儿说说自己最喜欢哪一幅作品，为什么。

3. 启发幼儿发现地球的颜色与不同地域的关系。

师：图片中用了哪些颜色？地球的上下两部分用了什么颜色？这样的颜色代表什么含义？

> 活动记录与对话：
>
> 可乐（老三）：绿色和蓝色，绿色代表着树木和花草。
>
> 泽禹（老三）：蓝色是海洋。

3. 相互说说自己最喜欢哪一幅作品，为什么。

三、重点部分

1. 幼儿尝试添画创作。教师鼓励幼儿大胆发挥自己的想象力。

2. 提醒幼儿注意衣物和桌面的整洁。

四、活动小结

集中幼儿，展示作品并互相评价，说说同伴画的地球最美的地方是哪里。

活动反思：

地球是我们宝贵的家园，爱护地球就是爱护我们自己。在之前的活动中，幼儿了解到地球面临着环境危机，个个争做地球小卫士，树立了正确的环保观念。老大、老二树立榜样的同时，提倡弟弟妹妹从小事做起，节约每一滴水，捡起每一点垃圾，身体力行养成低碳生活方式。

小老三也想用自己的方式来表达对地球的热爱，学习用添画方式表现出地球的面貌，进一步激发幼儿保护地球环境的情感。

活动七：我为地球添色彩

组织形式：

集体混龄

活动目标：

1. 老大能够运用不同色彩进行大胆合理地绘画创作。

2. 老二、老三了解色彩的搭配运用，养成良好的绘画习惯。

3. 乐于参与家庭集体创作，体验同伴合作的快乐。

活动准备：

场地布置、投影仪、十米画布、颜料、排笔等

活动过程：

一、图片导入，激发幼儿的绘画兴趣

师：小朋友们，今天我们的绘画主题是——"我为地球添色彩"，你们知道地球上的色彩有哪些吗？

> 活动记录与对话：
>
> 昊霖（老二）：可以用蓝色和绿色。
>
> 浩博（老大）：因为大树是绿色的，海洋是蓝色的。

二、家庭成员讨论绘画分工安排

1. 教师引导老大带着小家庭成员商量分工。

提问老大：今天的任务有绘画、涂色和装饰，你会怎么安排弟弟妹妹的工作呢？

> 活动记录与对话：
>
> 墨墨（老大）：我和老二来涂色，老三你去帮忙拿笔和颜料。
>
> 淘淘（老大）：老二、老三，你们想在地球上画一些什么呢？

2. 幼儿自由讨论分工。

三、集体创作"我为地球添色彩"

1. 教师交代注意事项，提出作画要求：每根排笔蘸的颜料要一致，注意不要把颜料弄到自己或他人的衣服上，绘画过程中小心移动，不要将他人的作品弄坏。

2. 以家庭为单位，分发画布。

3. 幼儿集体创作，教师巡回指导。

四、作品赏析

集中幼儿，老大介绍自己家庭的绘画设计想法。

五、活动小结

收拾材料，得排笔清洗干净，将画布挂在竹林上展示，回班级休息喝水。

我为地球添色彩

活动反思：

绘画是孩子们表达自己思想与内心活动的第二种语言，发挥想象力的同时，锻炼他们的创造性思维和扩展性思维。

结合本班主题——地球，了解地球的组成颜色是蓝色和绿色。既然玩颜料，就想让他们玩得尽兴、玩得开心！教师们特向园部申请采购了一张长达10米的画布。老大来组织分配小家庭任务。通过家庭讨论后发现绘画部分比较难，老大就主动来承担，老二、老三则辅助涂色，活动各环节进行得井然有序。

五颜六色的地球

活动八：我为地球过生日

组织形式：

集体混龄

活动目标：

1. 知道世界地球日的由来，萌生爱地球、保护地球的意识。
2. 老二、老三能够配合使用各种辅助物制作沙水蛋糕，老大做好制作记录。
3. 体验家庭分工合作与共同创作作品的乐趣。

活动准备：

沙水工具、水鞋等

活动过程：

一、活动导入

师：小朋友们，你们知道4月22日是什么节日吗？（世界地球日）是一个专为世界环境保护而设立的节日，目的在于提高民众对于现有环境问题的意识，通过绿色低碳生活，改善地球的整体环境。今天，让我们一起来为地球妈妈庆祝生日吧！

二、分组讨论

1. 问题导入，引出话题。

提问老二、老三：你们给别人庆祝生日时可以用什么方式呢？

> 活动记录与对话：
>
> 楠楠（老二）：过生日会收到礼物。
>
> 思杨（老二）：生日可以有美味的蛋糕。

2. 引导幼儿说出制作沙水蛋糕的方法。

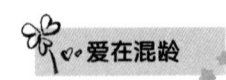

> 活动记录与对话：
>
> 俊衡（老大）：用桶来制作蛋糕。
>
> 烁霖（老大）：可以让老三去捡树叶和石头来做装饰。

3. 鼓励幼儿积极思考，解决问题。

提问老大：沙子比较干可以怎么解决？用什么方法成型？怎么堆积成 2-3 层？可以用什么进行装饰？

三、沙水游戏时间——"我为地球妈妈过生日"

1. 任务分配，有序开展。

注意事项：在游戏过程中，请尽量保持自己衣物的整洁，不能将沙子扬起或乱扔。保护自己和他人的作品，不争不抢。寻找自然物装饰时，注意安全，不跑远。

2. 幼儿家庭小组制作，教师巡回指导。

3. 配班老师拍照记录，注意帮助能力较弱幼儿。

四、作品赏析

请老大或老二介绍自己的作品名称，说说制作方法以及自然物的装饰。教师提出适当的指导建议，其他小朋友说说看法。

五、活动总结

师：感谢小朋友们帮助地球妈妈制作生日蛋糕，把掌声送给自己吧！

活动反思：

4 月 22 日是世界地球日，是一个专为世界环境保护而设立的节日，目的是在于提高大家对于地球现有环境问题的重视。

沙区是孩子们非常喜欢的游戏区域，挖沙、戏水乐在其中。我们给幼儿提供了一些小桶、铲子、废酒瓶罐等，让小家庭自主探索蛋糕制作方法。老大能够说出沙子要浇水、桶可以用来垒蛋糕、树叶树枝可以用来装饰，并给老二、老三分配各自的工作。

三号家庭合作游戏

蛋糕的形状

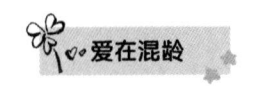

活动九：设计太阳能电视

组织形式：

中班年龄教学

活动目标：

1. 知道太阳能电视的结构及功能，利用太阳能是环保方式之一。
2. 运用线形组合大胆构图，合理安排画面。
3. 乐于想象，感受新能源给生活带来改变的愉悦。

活动准备：

画纸、水粉颜料、太阳能电视图片、记号笔

活动过程：

一、导入活动

师：有一种电视，只要晒到太阳就能够看动画片，小朋友们知道是什么电视吗？是太阳能电视噢。我们现在一起来看一看太阳能电视长什么样吧。小朋友们的小眼睛认真观察，瞧一瞧谁的小眼睛最厉害。

活动记录与对话：

真真（老二）：电视是可以看动画片的。

麦子（老二）：我没有见过太阳能电视，我家的电视都是要电的。

二、出示图片，幼儿展开想象

1. 教师展示太阳能电视图片，讲解其结构及功能。

小结：太阳能电视是有着太阳能板、电视本体、电视底座和蓄电池的。

2. 幼儿根据图片展开想象，讨论交流。

三、幼儿作画，展示与分享作品

1. 鼓励幼儿大胆构图，并用喜欢的颜色作画。

2. 幼儿创作，老师巡回指导。

3. 作品展示，分享交流。（引导幼儿从作品布局、构图思路进行表达）

四、活动总结

师：小朋友们，太阳能是我们生活中的新能源，它能够为保护地球贡献力量。你们的太阳能电视画得真好看，你们都是会思考的孩子，都是小小创作家。以后我们还要创作出更多的节能产品，共同保护我们的地球！

活动反思：

绿色环保的理念，我们需要从娃娃抓起，将"绿色环保"理念潜移默化地植入到日常生活中，让小朋友们从小树立低碳环保、保护环境的意识。同时，感受新能源科技对生活的改变，为保护绿水青山建立基础。

通过本次活动，老二知道太阳能是环保能源，并愿意运用线形组合大胆构图，合理安排画面。满足了孩子们好奇心、求知欲，提高了他们动手动脑解决问题的能力。

绘画作品

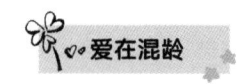

活动十：变废为宝

组织形式：

集体混龄

活动目标：

1. 老大学会利用废旧物品，以不同的方式制作玩具和用具。
2. 老二、老三知道废旧材料可以再利用，愿意参与共同创作。
3. 体验变废为宝的快乐，萌发环保意识。

活动准备：

各种废旧物品图片、展览会图片

活动过程：

一、图片导入，引出话题

师：今天我们一起来欣赏一个有意思的展览。小朋友们仔细观察图片中的展览会和你们平时外出看到的有什么不一样？（引导幼儿说出有一些废旧的物品）

> 活动记录与对话：
>
> 小宝（老三）：飞机是用瓶子和卡纸做的。
>
> 楷雅（老大）：这些东西都是用废旧物品做的。

二、出示废旧物品图片，探讨用途

1. 教师出示盒子、瓶子、纸杯、餐盘和饭盒等。

（1）提问老二、老三：你们在哪里见过这些物品？

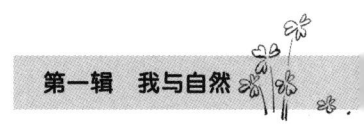

> 活动记录与对话：
>
> 昊霖（老二）：我在吃饭的店里见过这个饭盒。
>
> 珈企（老二）：我家里有瓶子，空瓶子。

（2）提问老大：这些废旧材料可以用来做什么？

2. 教师分享部分创意作品，激发幼儿创作想象力。

小结：我们生活中常见的物品有很多，大人们有时候会直接把它们扔进垃圾桶，其实它们是可以二次利用，并制作成好玩的玩具或物品哦！

三、创意大比拼

1. 分发记录表，引导老大将家庭创意想法记录下来。

2. 请个别老大说说自己小家庭想制作的物品，以及需要用的材料。

3. 小家庭自主选材，分工合作，共同制作废旧小玩具。

四、作品赏析

集中幼儿，将作品展示在桌面上，请老大向大家介绍自己小家庭的创意想法，以及需要用到的废旧材料。

五、活动总结

师：今天我们利用废旧材料制作了这么多的玩具，除了这些以外，还有许多的废旧物品都可以制作，大家要养成不浪费的好习惯哦！

活动反思：

生活中，有许多废弃物是可以回收利用的。通过活动，让幼儿了解哪些物品可以回收并对它们进行分类，尝试利用废旧物品进行手工制作。

活动前，与孩子了解哪些垃圾是可以用来回收利用的，再从中挑选出制作手工的材料。每组小家庭商讨，老大负责将创意想法记录下来。老二和老三按照家庭小组商讨的计划领取材料。在大家的合作下，作品整体的效果特别好！

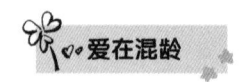

活动十一：了不起的清洁工

组织形式：

集体混龄

活动目标：

1. 老大了解清洁工人工作的意义，学会尊重清洁工人。
2. 老二、老三体验劳动带来的感受，能够在集体中表达分享。
3. 养成爱清洁、讲卫生、爱劳动的习惯。

活动准备：

视频《奇妙清洁工》、垃圾实拍图、幼儿劳动抹布、小水桶

活动过程：

一、谈话导入，说一说职业

师：小朋友们，世界上有很多的职业，你们知道多少呢？谁愿意和大家分享？（教师请个别幼儿介绍）

> 活动记录与对话：
>
> 墨墨（老大）：有厨师、医生。
>
> 俊衡（老大）：警察、消防员、售货员、清洁工和老师。

二、利用视频，激发幼儿的兴趣

1. 教师播放视频《奇妙清洁工》，引导幼儿说说视频的内容。
2. 提问老二、老三：视频里的奇奇、妙妙是什么职业呢？你们在哪里见过清洁工人？他们做了哪些工作？（打扫街道、擦玻璃、清洁水池）

三、出示垃圾实拍图

1. 引导老大说说如果没有清洁工人，我们的生活环境会变成什么样。

2. 幼儿结合自身经验，说说对清洁工人及其工作的认识。

四、劳动小能手

1. 年龄段分组活动，一起整理班级卫生。如：洗毛巾、洗水杯、洗玩具等。

2. 幼儿分享劳动的感受。

五、活动总结

师：今天我们了解了清洁工人的辛苦，如果你们会遇到他们，请说一声"您辛苦啦"！我们要养成爱清洁、讲卫生、爱劳动的好习惯。

活动反思：

幼儿应从小懂得感恩身边的一切，包括地球的守护者——清洁工。通过本次活动，幼儿了解清洁工人工作的意义，学会尊重清洁工人。

在众多的职业中，清洁工是属于比较常见且平凡的。老大结合自身经验，与老二、老三相互讨论清洁工的工作内容，知道地球的环境离不开他们的付出，激发幼儿坚定爱护环境的决心。愿我们与爱同行，心存感恩，世界才会变得越来越美好。

我在擦桌子

我在卷桌布

活动十二：如何保护空气

组织形式：

混龄集体教学

活动目标：

1. 老大了解空气的特征，认识空气对人类的作用及被污染的原因。
2. 老二、老三初步了解空气污染的情况及其危害性。
3. 懂得保护空气的方式，争做环保小卫士。

活动准备：

杯子、手帕、蜡烛、气球、打火机、水

活动过程：

一、活动导入，激发幼儿的兴趣

师：小朋友们，今天老师要和你们玩个变魔术的游戏！（教师示范）将手帕团塞进玻璃杯底部，杯子里除了手帕还有其他的东西吗？猜测：如果把杯子放入水中，手帕会怎么样？我们一起来试试！实验后取出手帕，手帕湿了吗？你们知道为什么吗？

活动记录与对话：

昊霖（老二）：好神奇，手帕竟然没有湿掉。

楷雅（老大）：是因为里面有空气吗？

二、实验体验，认识空气的作用

1. 提问老大：点燃的蜡烛为什么会熄灭？
2. 提问老二、老三：你们用手捂住口鼻，说说有什么感觉？
3. 教师小结：除了人类离不开空气外，动植物也离不开，凡是有生命的东西都需要空气。

三、观看视频，了解空气遭受污染的情况

1. 观看录像，教师引导幼儿观察。

镜头一：漫天飞扬的尘土对空气的污染；

镜头二：汽车排出的废气对空气的污染；

镜头三：烧香、放鞭炮时的缭绕烟雾；

镜头四：工厂烟囱排放的黑烟；

镜头五：焚烧垃圾时产生的浓烟；

镜头六：正在公共场所吸烟的人。

2. 了解空气污染的原因。

师：视频中发生了什么？空气为什么会被污染？

四、交流讨论如何保护空气

1. 教师组织小家庭讨论：如果我们吸入了被污染的空气，会发生什么事？

> 活动记录与对话：
>
> 墨墨（老大）：会感觉到呼吸困难
>
> 多多（老二）：时间长了还会晕倒。

2. 引导幼儿分享保护空气的方法。

师：那我们该怎么保护空气呢？谁愿意来向大家分享一下？

小结：我们可以种植花草树木，禁止在公共场所吸烟，不在生活区焚烧垃圾，不随地吐痰，不乱丢垃圾等。

五、活动总结

师：小朋友们，今天学习了如何保护空气的方法，我们要继续为保护环境出一份力，让空气变得干净、清新。保护环境，爱护我们的地球，从我做起。

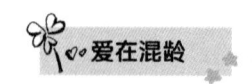

活动反思：

自主探究是科学活动的核心内容。本次活动我以变魔术的形式引入，引导幼儿运用眼看、耳听、手摸等感官进行感知，激发幼儿探索科学的欲望。

老大通过观看视频，能够完整地说出空气污染的原因，比如：工厂、燃烧、汽车尾气等。老二会根据自身经验，表达出空气对人们生活的重要性。老三学会认真倾听。孩子们对此兴趣满满，到处飘着浓浓的科学味。

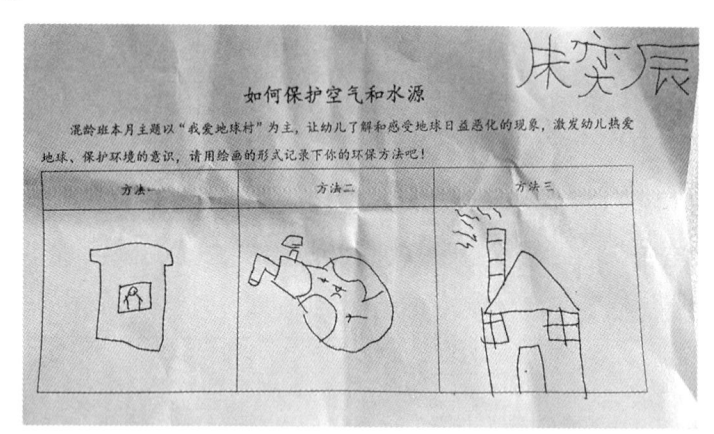

我收集的方法

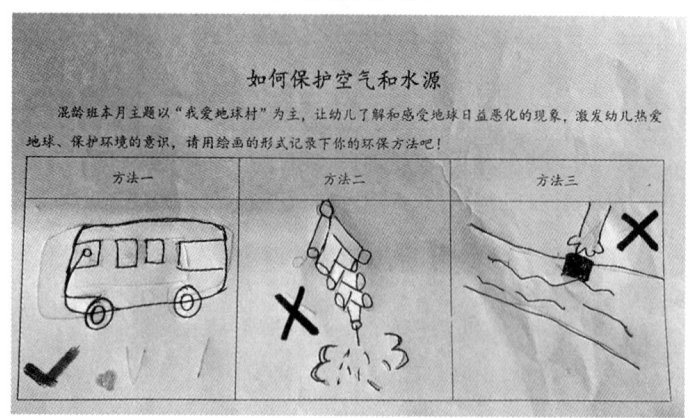

让我们一起保护地球

第二辑　我与社会

主题四 我爱我家

"我爱我家"主题由来

"家"对于每位孩子来说是那么的甜蜜、温暖,家里有共同生活在一起的家人,有妈妈温暖的拥抱,有爸爸安全的守护。孩子会从中学会关心、学会爱、学会感激、学会报答。

混龄班每年迎来送往,开学季会迎来可爱的小老三,个别幼儿情绪容易波动。为了让他们尽快适应幼儿园环境,融入混龄班这个小家庭,我们以"家"为切入口,开展本次主题"我爱我家",同时激发幼儿热爱家乡、国家的情感。

爱在混龄

主题网络图

爱家人
- 综合活动：幼儿园的一天
- 社会活动：幼儿园的人
- 建构：混龄一家
- 综合：猜猜我有多爱你
- 语言：我的家和我们的家
- 音乐：吉祥三宝
- 美术：爸爸的领带

爱家乡
- 语言：跟我一起游武夷
- 实践：武夷山的由来
- 社会：武夷美食

爱国家
- 语言：我们的祖国
- 美术：十米长画
- 沙水：给祖国妈妈过生日

我爱我家

活动一：幼儿园的一天

组织形式：

集体混龄

活动目标：

1. 老大、老二能够完整讲述幼儿园一日生活作息制度。
2. 老三能够认真倾听，了解幼儿园的生活，喜欢幼儿园。
3. 乐于讨论，体会混龄小家庭相处的快乐和温馨。

活动准备：

绘本故事《幼儿园的一天》PPT、画纸、彩笔

活动过程：

一、绘本导入，激发幼儿的活动兴趣

师：小朋友们，今天我带来了一本绘本故事，名字叫作《幼儿园的一天》，让我们一起来欣赏吧！（教师完整讲述）

二、组织幼儿交流讨论故事情节

教师逐一出示PPT内容，组织老大、老二展开讨论，并引导老三认真倾听及简单地表述部分内容。

（1）提问老大：故事中的小动物有哪些？他们在幼儿园一天都做了什么呢？

（2）提问老二：和我们在幼儿园做的都一样吗？

活动记录与对话：

安吉拉（老二）：不一样，我们来了幼儿园还要晨检，可是小动物们不需要。

闻子（老二）：我们要喝水，可是小动物们就不需要。

三、我们的生活我了解

1. 组织回忆幼儿园一日生活。

师：每天早上入园时，做的第一件事情是什么事？接下来要完成……（引导老大、老二回忆并讲述给弟弟妹妹听）

2. 出示一日生活作息表，进一步熟悉一日环节。

师：说说在一日生活环节中，最喜欢哪个环节？为什么？

3. 游戏：我会排序。

教师打乱生活作息表的顺序，以家庭为单位进行排序，帮助幼儿巩固一日生活环节。

四、规划活动，提出期望

1. 请老大说一说在幼儿园里面还想要什么样的活动。
2. 小家庭合作，画出自己喜欢或期望的活动。教师巡回指导。
3. 幼儿展示与分享。

五、活动延伸

将幼儿绘画的内容贴在"我爱的幼儿活动"栏。

一日生活作息表

活动反思：

经过一个暑假假期，老大和老二的生活规律有点乱，加强他们常规的同时还要培养老三的规律，老师们显得有点心有余而力不足，尝试用集中活动的形式来调整。

活动以绘本的形式开展，巩固老大和老二的常规记忆，但对于刚入园的小老三来说还是有些困难，因此，引导老大和老二在日常生活中带着弟弟妹妹一起活动。本次活动开展得很有效，可以观察到每组家庭都是三个人一起行动，特别有爱！

活动二：幼儿园的人

组织形式：

中、小混龄

活动目标：

1. 老二了解幼儿园工作人员各自所从事的岗位，体会他们的辛苦。

2. 老三知道每一位工作人员的辛苦付出与自己是息息相关的。

3. 乐于表达自己的感受，萌发尊重他人的意识。

活动准备：

物质准备：幼儿园角落照片、人物照片（老师、厨房阿姨、门卫叔叔）

经验准备：对幼儿园及工作人员有所了解

活动过程：

一、观看图片，引出话题

1. 出示幼儿园照片。

师：你们觉得我们的幼儿园美吗？

2. 组织幼儿讨论幼儿园美的原因，引出工作人员。

师：小朋友们，幼儿园美在什么地方？它为什么这么美？

小结：一所美丽的幼儿园不是自然产生的，它需要老师、不同工作岗位的叔叔阿姨们共同努力。

二、知识小问答："校园靠他们"

1. 基于经验，提出问题。

（1）提问老二：你们知道幼儿园都有哪些工作者吗？

（2）提问老三：你在哪里见过图片中的工作者呢？（教师逐一出示相对应的图片）

2. 共同讨论，拓展交流。

师：还有其他哪些幼儿园工作者？在哪里见过？

三、加深理解，学会感恩

1. 观看视频，询问感受。

师：请说一说你看到视频中的工作者是怎样工作的？他们所干的这些事情都是为谁服务的？

> 活动记录与对话：
>
> 贝贝（老二）：视频中的人都很辛苦，阿姨每天都在为我们准备很多好吃的。
>
> 逗逗（老二）：门卫叔叔在大门口赶走坏人，他们都是为我们做服务。

2. 对工作人员表达感谢。

师：你想对他们说些什么呢？你今后该怎么做呢？

> 活动记录与对话：
>
> 安吉拉（老三）：我想对这些叔叔阿姨们说，你们辛苦啦！
>
> 闻子（老二）：今后我们要尊敬他们。

四、活动总结

师：幼儿园的每一位工作人员都不容易，他们帮助我们、爱护我们，把我们的幼儿园变得越来越美，让我们更加快乐和健康成长，我们要学会感恩和感谢哦！

活动反思：

9月是新学期的开始，刚加入混龄班的小老三对于幼儿园的环境极其陌生，为了让他们更快适应，制定出"我爱我家"主题活动。

本次活动的目的是让老二、老三了解幼儿园每个工作人员所从事的岗位以及他们的辛苦付出，引导幼儿要学会尊敬爱护他们。教学内容比较简单，较适合中、小年龄教学，因此可以尝试让老二带领弟弟妹妹一起参加活动。

保安叔叔

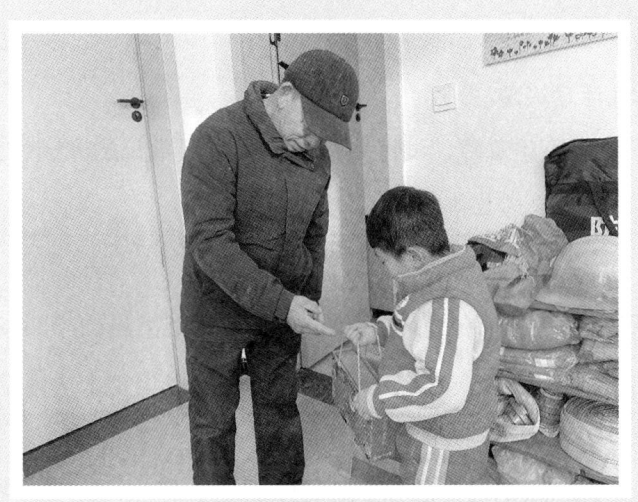

门卫爷爷

活动三：混龄一家

组织形式：

集体混龄

活动目标：

1. 老大能够围绕主题制定建构设计方案，并学会给弟弟妹妹分配任务。
2. 老二参与讨论设计，提高建构技能。
3. 老三在哥哥姐姐的帮助下，学会按标记收放材料。
4. 体验家庭分工、合作的快乐和成就感。

活动准备：

设计图、易拉罐、各类木质积木

活动过程：

一、谈话导入，激发幼儿活动兴趣。

师：如果请你当一名小小建筑师，设计一个我们未来混龄班的家园，你想设计什么样子呢？你想用什么材料搭建呢？你想建在哪里呢？

> 活动记录与对话：
>
> 楷雅（老大）：家园里的物品要分为大、中、小，因为混龄班的小朋友年龄不一样。
>
> 嘉懿（老大）：用炭烧积木来搭建外形，里面的摆件可以用小木块来设计。

二、制作建构设计图

1. 小家庭交流讨论，进一步说说自己心中家的样子。

> 活动记录与对话：
>
> 贝贝（老二）：家里要有一个大大的游乐园，里面要有好多的玩具。
>
> 安吉拉（老三）：我想有好多好多的小动物在我的家里。
>
> 闻子（老二）：老大老大，可以在家里放奥特曼吗？

2. 引导老大提出家庭成员各自的分工要求，老二、老三积极参与讨论。

讨论结果：

老大：主要负责绘画建构设计图，参与构建。

老二：补充方案设计，参与构建。

老三：按标记收放材料，参与构建。

三、幼儿建构，设计家园

1. 教师简单介绍建构所需的材料及建构要求。

（1）搭建时，要检查建构作品是否牢固。

（2）提醒幼儿在活动中珍惜他人的建构成果，不故意毁坏。

（3）活动结束后，将建构材料归类摆放整齐。

2. 幼儿自选材料，教师巡回指导。

引导幼儿根据自己家庭绘画的建构设计图，进行有主题的建构游戏，并大胆地邀请自己的家庭成员合作建构。教师观察和指导。

四、活动总结

集中幼儿，请老大或老二介绍自己小家庭的建构成果，并说一说自己下次搭建时该注意的事项。

活动反思：

建构活动是幼儿园教育中的一个重要环节，培养幼儿的空间想象力、动手能力和团队协作精神，符合混龄模式中"大带小"的教育理念。

爱在混龄

从一开始的讨论环节中，看得出来老大对混龄模式的熟悉，主动提出要区分设计物品的大、中、小规格。经过一学期的成长，老二能够辅助老大完成一些简单的搭建任务。初次参与的小老三通过观摩进行学习，相信他们在下一次建构活动中能够参与其中。

我在搭建家的围墙

我在搭小路

活动四：猜猜我有多爱你

组织形式：

集体混龄

活动目标：

1. 老大能够理解和完整讲述故事内容，表达对妈妈的爱。
2. 老二感受故事的情感，学会用"××多××，就有多爱你"句式表达。
3. 老三能够认真倾听故事，初步感受小兔和大兔之间的感情。
4. 体验到爱可以用动作、语言或实际行动来表达，在集体中大胆地表达爱。

活动准备：

绘本故事《猜猜我有多爱你》PPT、背景音乐

活动过程：

一、出示绘本封面，话题导入

师：今天老师给你们带来了一本绘本，名字叫作《猜猜我有多爱你》。仔细看，图画上有谁？他们在干什么？

二、走进故事，感受和理解故事内容

1. 教师完整讲述故事内容，引导幼儿认真倾听。

提问老大：故事中讲述了什么样的故事？

2. 教师逐步讲述故事内容，引导幼儿感受和表达故事中的情感。

（1）提问老二：小兔子使出了全身力气，用了哪些方法来表达他对大兔子的爱？大兔子又是如何爱小兔子的呢？

（2）提问老三：大兔子的爱多，还是小兔子的爱多？请小朋友站起来比比看。

小结：每个人表达爱的方式不同，但如果你不大胆地表现出来，别人就会感受不到的哦！

三、体验爱的大胆表达

1. 引导幼儿表达对爸爸妈妈的爱。

师：小朋友，你们爱自己的爸爸妈妈吗？有多爱？平时用什么方式来表达呢？

2. 鼓励幼儿相互用动作、言语表现自己对混龄兄弟姐妹的爱。

活动记录与对话：

俊衡（老大）：我很爱我的老三小宝，虽然他有时候很调皮，但是我还是很喜欢他。

念念（老三）：我喜欢我的老二——晴朗哥哥。

四、活动延伸

将绘本故事《猜猜我有多爱你》投放至班级区域，组织幼儿开展表演游戏。

活动反思：

此次活动，主要是让幼儿通过故事内容和小兔子的话来感受爱的不同表达方式，促进小家庭之间的互爱以外，还能帮助小老三更快地适应幼儿园环境。

创编的过程很顺利，因为大多数幼儿看过这本绘本，前期经验比较丰富。如果时间允许，延伸活动可以采用角色扮演的方式，在理解故事的基础上自主创编，演绎故事情景。

活动五：我的家和我们的家

组织形式：

集体混龄

活动目标：

1. 老大能够完整讲述自己家庭和混龄家庭的基本信息，愿意在集体中分享家庭趣事。
2. 老二能够介绍不同家庭里的成员，区别自己家与混龄家的不同之处。
3. 老三学会倾听，感受来自家的温馨情感。
4. 学会爱家人、同伴，将爱表达出来。

活动准备：

幼儿的全家福、《我爱我家》音乐、祖国风光照片、卡纸与画笔

活动过程：

一、音乐导入，激发幼儿的活动兴趣

师：小朋友们，我们来听一首好听的歌曲，歌曲里面唱了什么？

二、观察图片，说说自己的家人

1. 教师出示部分幼儿的全家福。

（1）提问老二、老三：你们家有几口人呢？爸爸妈妈是做什么工作的？

（2）提问老大：除了职业以外，你知道爸爸妈妈的联系方式吗？你的家住在哪里呢？（引导老大完整讲述）

2. 小家庭内幼儿相互分享，交流家庭信息。

小结：我们都有一个温馨的家，我们被爸爸妈妈爱着，他们都很辛苦，我们也要爱他们哦！

三、说一说我的家和我们的家

1. 引导幼儿区别两个家（自己的家庭和混龄小家庭）。

提问老二：自己家庭和混龄班小家庭有什么区别呢？（引导幼儿说出自己家庭有爸爸妈妈，而混龄班小家庭有哥哥姐姐、弟弟妹妹，是不同的爱）

> 活动记录与对话：
>
> 嘉颖（老二）：我自己的家里，有爸爸妈妈，还有小姨和我。
>
> 小宝（老二）：我的家里有妈妈、爸爸、乔治、姨父公，混龄班只有葵葵老大和老三。

2. 引导幼儿分享混龄小家庭的事情。

提问老大：在这个家庭里面，发生了什么有趣或让你感动的事情？

背景说明：如羿小朋友是本学期加入混龄班，成为8号家庭老大。

> 活动记录与对话：
>
> 如羿（老大）：我的小家庭里有2位小老三，分别是可乐和小辣椒，每天追着我叫"哥哥！哥哥！"，让我很快地适应了混龄班的新环境。

四、表达对混龄家庭的热爱

1. 制作家庭卡片，引导老大把混龄家庭的成员画在卡片上，老二增添爱的表达符号，老三进行涂色。

2. 幼儿分享作品，介绍自己的混龄家庭，表达对混龄家庭的爱。

活动反思：

家是幼儿童年生活中的港湾，对于幼儿的发展能够产生关键性影响。现代社会的家庭出现少子化，幼儿在家长的宠溺中习惯以自我为中心看问题，混龄班恰巧可以引导幼儿逐渐养成同伴间互帮互助的习惯。

相互讨论自己家庭里的成员及职业，尝试对比出混龄班的区别。在表述对混龄家庭热爱的时候，大家都比较害羞。遇到这样的情况后，老师们主动提起小家庭之间友爱的瞬间，带动了幼儿的共鸣和积极性。

玮玮的家庭合影

惜墨的家庭合影

活动六：吉祥三宝

组织形式：

集体混龄

活动目标：

1. 老大熟悉歌曲结构，能够根据歌曲节奏创编不同的肢体动作。
2. 老二、老三初步学习不同乐器的使用方法，尝试跟随音乐击打节奏。
3. 体验与同伴合作演奏的乐趣。

活动准备：

课件、乐器（碰铃、串铃、哨子）

活动过程：

一、完整欣赏音乐，感受歌曲的旋律

师：今天我们带来一首蒙古族的问答歌——吉祥三宝，我们一起来听听吧！（教师播放音乐，幼儿完整欣赏）

二、自主讨论，熟悉歌词内容

1. 根据歌词内容提问，幼儿回答。

提问老大、老二：歌曲里共有几段音乐？分别是谁问谁答？

2. 组织幼儿集体跟着音乐演唱，尝试用不同身体动作进行伴奏。

三、练习、表演演奏会

1. 教师出示乐器，简单讲解使用方法，引导幼儿将每种乐器与角色配对。
2. 小家庭动作创编，老大组织弟弟妹妹在原有的基础上创编。
3. 共同表演：我是小小演奏家。

（1）第一次演奏：幼儿自主选择喜欢的乐器，跟随角色的歌词节奏进行打击。

（2）第二次演奏：老大扮演"小朋友"、老二扮演"爸爸"、老三扮演"妈妈"，教师指挥，幼儿分角色演奏（根据幼儿的兴趣，进行角色互换）。

四、活动总结

师：今天我们混龄班的演奏活动特别完美，把掌声送给自己吧！除了用这些乐器演奏以外，我们还可以从生活中找出不同的声音哦！

活动反思：

这首歌曲对于幼儿来说比较熟悉，另外，选择这个题材的原因是歌词包含了温馨和爱，符合《我爱我家》这个主题。

在教学过程中，发现歌曲的节奏对于老二、老三有点难，好在是问答的形式，大家还是比较感兴趣的。熟悉完歌曲后，添加了一个打击乐的环节。有了乐器宝宝的加入，幼儿的学习兴趣提高了不少，基本上都能演唱完一整首歌。

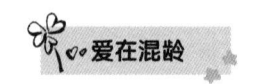

活动七：爸爸的领带

组织形式：

集体混龄

活动目标：

1. 老大、老二运用绘画、剪贴、拓印等方式设计爸爸的领带。

2. 老三了解爸爸的服饰特点，能够选择不同图案来装饰爸爸的领带。

3. 积极参与活动，体验给爸爸制作礼物的快乐。

活动准备：

各种领带的PPT、图片（戴领带的叔叔）、油画棒、绘画纸、拓印工具、简单的花纹图案

活动过程：

一、导入活动

1. 出示戴领带叔叔的图片。

师：小朋友，你们知道这位叔叔领口上戴的是什么呀？它是干什么用的呢？

2. 幼儿相互讨论，说说自己想设计怎么样的领带？需要用到哪些材料？

二、展开活动

1. 教师出示绘画材料，简单介绍使用方法。

> 活动记录与对话：
>
> 珈企（老大）：我要选择卡纸和水彩笔来做装饰。
>
> 葵葵（老大）：我想在白纸上面设计画画。
>
> 小宝（老二）：老师，我可以用彩泥做吗？
>
> 小结：首先，我们要设计出一条领带的形状，用油画棒装饰上自己喜欢的图案（或者用剪贴、

拓印的方式），最后再将领带固定到背景板上。

3. 幼儿自主选材，动手设计。

4. 教师巡回指导，帮助个别能力较弱的幼儿。

三、作品赏析

小家庭之间相互分享自己的作品，说说自己的设计思路。

四、活动小结

师：大家设计的领带非常漂亮，采用了不同的方式进行装饰，爸爸们一定会特别喜欢的，回家记得送给他们哦！

活动反思：

谈论到爸爸这个角色，大家都联想到的是领带，它可以算作是男性的标志。包括幼儿在平时绘画爸爸时，时常会添加上领带。借此契机，我们开展了本次美术活动。

首先，了解领带的外形轮廓，讨论使用材料。对老大、老二的要求会更高一些，鼓励他们使用剪贴或立体的装饰方法。老三在哥哥姐姐的帮助下能够拓印简单的图案即可，初步学习涂色的正确方法。在表达对爸爸爱意的同时，还能够学习不同的绘画方式。

活动八：跟我一起游武夷

组织形式：

中、大混龄

活动目标：

1. 老大根据景点图片，用完整的话介绍自己的家乡景点和分享美丽传说。
2. 老二知道自己的家乡是武夷山，了解和熟悉家乡的风景名胜。
3. 感受家乡的美丽，萌发对家乡热爱的情感。

活动准备：

福建省地图、武夷山景点的图片

活动过程：

一、出示地图，激发幼儿兴趣

师：小朋友们，这个是我们福建省地图，你们知道我们的家乡在哪吗？我们的家乡有哪些景点？

二、欣赏与讨论武夷山的景点

1. 教师逐一展示各个景点的图片（大王峰、玉女峰、天游峰、大红袍等武夷山著名景点）。

（1）提问老大：谁愿意来说一说这些景点的名称以及它的传说故事？

> 活动记录与对话：
>
> 小米（老大）：我知道大王峰和玉女峰的由来，玉女和大王本是一对，后来他们的爸爸妈妈不同意他们在一起，然后他们就变成了两个石头。
>
> 朔朔（老二）：我听我妈妈说过大红袍的故事，还吃过大红袍煮成的茶叶蛋。

（2）引导老二认真倾听，并尝试简单地讲述自己最喜欢的景点名称以及原因。

2. 幼儿讨论，回忆和分享自己去过的景点，发生了哪些有趣的事情。

三、我为家乡添色彩

1. 出示调查表和铅笔，引导老大带着老二一起讨论和记录。

师：每个国家、每个城市都有着许多美丽的景点。我们的家乡是武夷山，是世界文化与自然双重遗产地，你们最想为自己的家乡做些什么事情呢？

2. 分享记录结果，畅想为家乡贡献的愿望。

> 活动记录与对话：
>
> 安吉拉（老大）：我要跟爸爸妈妈学做茶，卖给世界上所有的人。
>
> 晴朗（老三）：长大以后我要变成奥特曼，保护武夷山。

四、活动总结

师：我们美丽的家乡——武夷山，是需要大家一起共同保护的，我们一起帮助我们的家乡变得越来越好！

活动反思：

经过上次户外实践活动，幼儿对家乡武夷山的传说故事特别感兴趣，家长们也很配合地收集了一些经典传说，如：大王峰和玉女峰、大红袍、九曲溪等的传说。

活动中，老大主动举手说出自己了解到的武夷山传说故事，老二介绍武夷山的著名景点，分享有趣的事情。出乎意料的是，大家都说得特别好！得益于家长们的配合，户外实践开阔了幼儿眼界。

武夷山大王峰

武夷山玉女峰

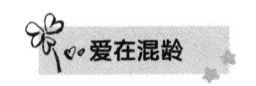

活动九：武夷山的由来

组织形式：

集体混龄

活动目标：

1. 老大知道武夷山名字的由来，了解并能够简单讲述彭祖和彭夷的故事。

2. 老二、老三感受武夷山的美，初步体验武夷山当地文化。

3. 在远足的过程中，体现混龄小家庭成员之间的相互关爱。

活动准备：

幼儿准备：遮阳帽、水壶、汗巾

教师准备：横幅标语、音响、音乐、垃圾袋、纸巾、医药箱、点心、手工材料

活动过程：

一、前期准备

1. 教师讲述故事，组织幼儿初步了解武夷山文化。

提问老大：我们生活在福建武夷山，你们知道"武夷山"这个名字的由来吗？有哪些传说故事呢？

2. 教师提出远足计划，引导幼儿共同讨论外出的安全事项。

> 活动记录与对话：
>
> 淘淘（老大）：我们要带上水壶，然后出去的时候要跟紧老师。
>
> 念念（老三）：出去的时候不可以乱跑，要注意安全。
>
> 多多（老大）：太阳很大的话，我们还可以戴上帽子。

二、远足之旅——"武夷和园"

1. 出行准备。

通知 6 名家长志愿者抵达幼儿园,并有序安排孩子上车。到达目的地后,集中幼儿并点名。

2. 精彩活动。

(1)活动一:遇见武夷书法

园长特邀著名书法家——徐良夫老师,为幼儿讲解书法艺术。教师提醒幼儿认真倾听。

(2)活动二:了解武夷传说

小家庭成员手牵手跟随教师来到雕塑景点,讲述武夷的传说——彭祖、彭武和彭夷的伟大事迹,激发幼儿爱家乡的情感,并组织幼儿合影留念。

三、休息时间

教师组织幼儿在附近的草坪或野餐垫上休息喝水,并及时通知家长陆陆续续到活动场地接孩子回家。

四、活动延伸

布置周末小任务,让幼儿回家了解武夷山更多的传说故事,如:大王峰、玉女峰、大红袍等的故事。老大能够简单地讲述故事内容,老二、老三尝试画出故事中的重点人物和景点。

附:

武夷山原名荆南山。相传,彭祖活到七百六十七岁时,来到闽地荆南山,隐居在幔亭峰下,生二子彭武、彭夷。洪荒年代,彭祖带领彭武、彭夷开山劈石,拓溪导洪。

彭武和彭夷日夜劳作,终于开辟出了山北、山南、九曲溪,造就了九十九座岩,竖了三十六座峰,凿了七十二个洞,开了一条九曲十八弯的溪。洪水退了,崇山峻岭之间,茶园叠翠,梯田堆金,百姓们过上了鸡犬相闻、幸福安宁的日子。

由于兄弟二人诛草拓荒,开发武夷,人们为了纪念他们开山有功,就以他们的名字命名此山——武夷山。武夷山从此便以"奇秀甲天下"闻名于世。

活动反思:

作为武夷山的小朋友,怎么能不了解武夷山的由来和传说呢?通过图片和视频只能简单地了解。

爱在混龄

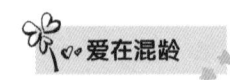

为了让幼儿实地体验武夷山的魅力,老师们与园部商量后决定徒步前往"武夷和园"。

本次外出活动,老大已经树立较强的安全意识,保护自己的同时能够看好老二、老三。即使中途弟弟妹妹有些特殊情况,如:上厕所、摔跤、口渴等,老大都能够游刃有余地处理,这就是户外实践中能够收获的成长经历。

参观武夷和园的书法展　　**武夷和园下的我们**

活动十：武夷美食

组织形式：

集体混龄

活动目标：

1. 老大、老二了解并讲述家乡武夷山各个乡镇的美食和习俗。

2. 老三根据图片，说出美食的名称。

3. 为家乡的美食文化感到自豪，萌发爱家乡的情感。

活动准备：

家乡美食图片

活动过程：

一、儿歌导入，激发兴趣

师：刚才你们听到了什么？（美食）我们今天要选出"美食引导员"。小朋友们要积极发言，说一说家乡的美食。

二、美食对对碰

1. 出示乡镇美食的图片，了解美食产地。

提问老二、老三：你们吃过上面的美食吗？是什么味道的？（请个别幼儿介绍自己吃过的美食，引导幼儿用完整的语言表达）

> 活动记录与对话：
>
> 珈企（老二）：我吃过那个清明粿，它是用草一起做出来的，很好吃，里面还有菜。
>
> 葵葵（老二）：我知道那个是莲子，爸爸用它给我煮汤，它里面还有一个绿绿的芯很苦。

2. 提问老大：这些美食都来自哪个乡镇呢？

小结：五夫的特色美食是莲子羹，岚谷的特色美食是熏鹅，吴屯的特色美食是稻花鱼……原来我们的武夷山有这么多的美食，有时间可以和爸爸妈妈一起去尝一尝哦！

三、游戏"美食引导员"

1. 学唱儿歌。

（齐说）美丽的武夷我们的家，远方的朋友请你来，我来当个小导游，带你去吃好东西，吃什么？（领头人）去吃熏鹅。（齐说）哟哟哟，不错，不错，真不错！

2. 开展游戏。

幼儿熟悉歌词后，交换领头人的角色。

四、活动延伸

老大、老二与爸爸妈妈进一步收集各个乡镇的美食，并记录在调查表上。下次活动时，与弟弟妹妹一起分享和讨论。

活动反思：

武夷山有许多的乡镇，每个乡镇里有着独特的美食。谈到美食，幼儿的兴趣马上就提上来，迫不及待地表达自己的想法。

在表达时，老大基本上能够完整说出乡镇对应的美食，但部分老二会记错。为了让幼儿更深刻地记住各乡镇的美食，我们采用儿歌和游戏的教学方式，带动幼儿学习的积极性。结束后，布置家庭小任务，尝试了解中国各个城市的特色美食。

品尝美食   **武夷美食一条街**

活动十一：我的祖国

组织形式：

中、大混龄

活动目标：

1. 老大、老二知道并能够说出祖国的全称和首都名称。

2. 老三知道自己是中国人，认识国旗。

3. 感受祖国的强大，萌发做中国人的自豪感。

活动准备：

物质准备：音乐《我爱你中国》、图片和视频、中国地图和世界地图

经验准备：幼儿具备对国家、首都名字、对国旗有所认识和了解

活动过程：

一、实物导入

1. 教师出示红旗，激发幼儿的活动兴趣。

2. 说出我们国家的全称和首都名称、国旗的名字。

小结：我们的国家叫作中华人民共和国，首都是北京，五星红旗是我国的国旗。

二、认识和了解祖国，感受祖国的风光和强大

1. 展示世界地图，幼儿初步了解和简单描述中国的地貌。

2. 欣赏和领略祖国风光。

教师介绍祖国的名胜古迹（天安门广场、东方明珠等）以及首都标志性建筑物的照片（长城、故宫、水立方、鸟巢）。

三、祖国的盛大活动

1. 提问老大：你们知道最近我们的祖国举行了哪些盛大的活动吗？

> 活动记录与对话：
> 萌萌（老大）：2月4日举行了冬奥会，我还看到了冰墩墩。
> 小米（老大）：还有残奥会，专属残疾人参加的比赛。

2. 提问老二：看到我们的祖国一天天强大，你的感受如何？

> 活动记录与对话：
> 果果（老二）：我觉得特别自豪、开心！
> 圈圈（老二）：希望祖国妈妈越来越强大！

混龄冬奥会

四、播放歌曲《我爱你中国》，情感升华

师：小朋友们都是祖国的花朵，在祖国的大花园里茁壮成长。让小朋友幸福成长的祖国，是一个日益强大的国家，是一个让我们自豪、骄傲的国家。

活动反思：

幼儿是祖国的未来，从小培养他们爱祖国、爱家乡的思想情感，树立长大为国家多做贡献的理想，是幼儿园进行品德教育的重要内容，也是幼儿教师的光荣使命和神圣职责。

由于幼儿年龄的特点，他们对"祖国"这一概念不太理解。课件中加入了中国国旗、首都北京的图片，方便幼儿理解和记忆。通过观看视频的方式，了解祖国近期的盛大活动，感受日益强大的祖国。

与冰墩墩合影

活动十二：十米长画

组织形式：

集体混龄

活动目标：

1. 老大具有组织分工的能力，对整体的画布进行合理布局。
2. 老二、老三能够大胆地使用水彩笔、蜡笔或颜料涂染。
3. 感受合作的乐趣，表达对祖国的热爱与祝福。

活动准备：

著名景点图片、长布、颜料、排笔、抹布等

活动过程：

一、话题导入，激发兴趣

师：今天我们要送给祖国妈妈一幅十米长画，并为她添上美丽的颜色。你们想画些什么？（幼儿思考讨论，说说可以画一些什么内容？）

二、绘画任务分工、合作

1. 家庭讨论，由老大组织弟弟妹妹分配任务。

> 活动记录与对话：
>
> 珈企（老大）：颖颖你来帮我涂色，老三你去帮我们拿画笔和颜料吧！
>
> 钰瑶（老三）：可我不知道要拿什么颜色。
>
> 颖颖（老二）：那我陪你一起去吧！

2. 教师提出注意事项：

混龄小家庭之间相互商量分工，明确自己的工作任务，大胆地围绕主题绘画出自己的想法。使用排笔时，不要把颜色弄混，搭配出好看的颜色。过程中，注意自己衣物和地板的整洁，不奔跑打闹。

师：接下来，我们要为祖国妈妈添色彩啦，选择你最喜欢的颜色装饰吧！

十米长画展

三、我为祖国绘画

1. 幼儿跟随教师到活动场地，教师出示长布。
2. 幼儿自主作画，教师巡回指导并拍照。
3. 幼儿分享作品，与作品合影留念。

> 活动记录与对话：
>
> 昊霖（老大）：我们七号家庭绘画的是地球和大树。
>
> 粽子（老三）：我帮助哥哥涂了绿色和蓝色，你看漂亮吗？

四、活动总结

师：谢谢混龄班的小朋友，你们合作完成得非常棒。送给我们祖国妈妈这么漂亮的礼物，她一定会非常喜欢。

活动反思：

常规的绘画活动是个人完成，且限制于在一张纸上。为了让幼儿开拓绘画思维，拥有良好的绘画环境，我们申请采购了一条十米的画布。

蓝蓝的地球

活动开始前，老师与幼儿讨论送给祖国妈妈的十米长画上可以绘画一些什么内容，需要用到哪些材料？小家庭之间如何分工，将一系列的问题抛给幼儿，自主解决。老大在一次次的混龄活动中，已经学会根据任务的难易程度来安排分工，鼓励弟弟妹妹积极参与。

主题五 冬日迎新

"冬日迎新"主题由来

一年四季，交替变换，幼儿在春夏秋冬的循环往复中渐渐地长大。本次主题活动"冬日迎新"，旨在引导幼儿运用视觉、触觉、味觉和听觉，感受大自然的神奇变化，发现冬天的秘密。

作为历史悠久的文明古国——中国，传统节日是民俗文化不可缺少的一个组成部分。春节将至，许多人开始筹备年货迎新。耳濡目染间，幼儿对春节的年货产生了浓厚的兴趣。

爱在混龄

主题网络图

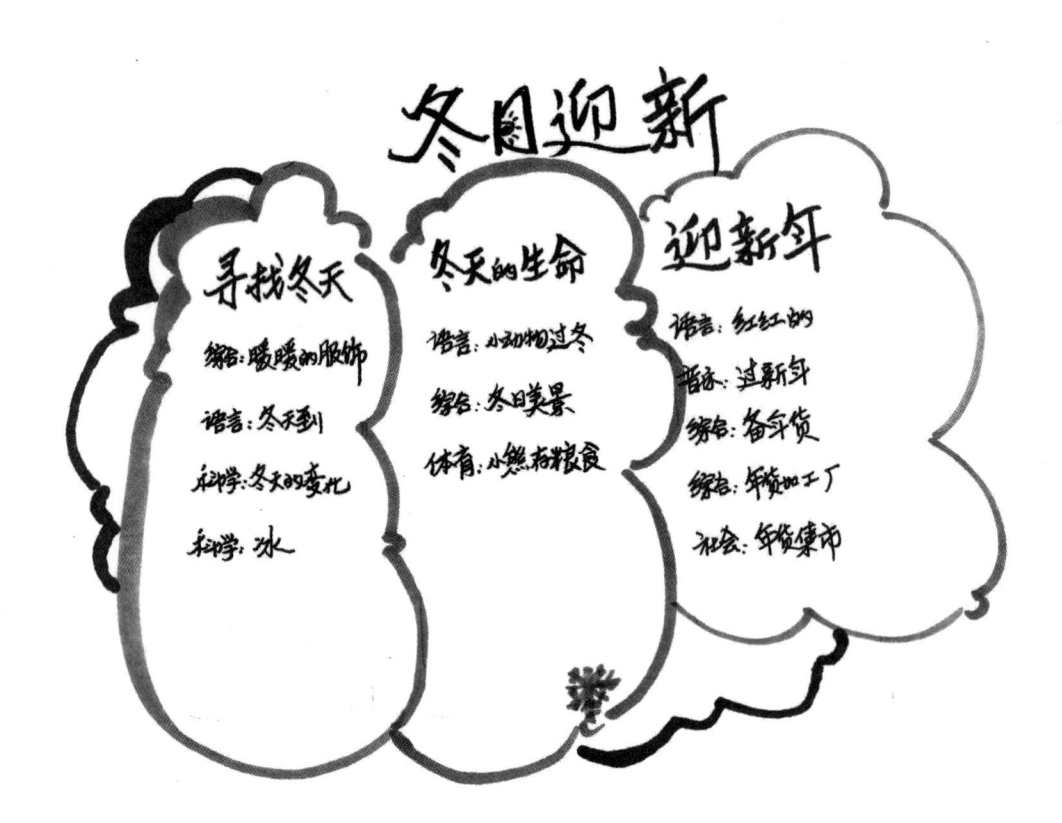

冬日迎新

寻找冬天
- 综合：暖暖的服饰
- 语言：冬天到
- 科学：冬天的变化
- 科学：冰

冬天的生命
- 语言：小动物过冬
- 综合：冬日美景
- 体育：小熊搬粮食

迎新年
- 语言：红红的
- 语言：过新年
- 综合：备年货
- 综合：年货加工厂
- 社会：年货集市

活动一：暖暖的服饰

组织形式：

集体混龄

活动目标：

1. 老大能够讲述冬季服装和夏季服装的区别。
2. 老二能够说出常见保暖服饰的名称。
3. 老三通过看一看、摸一摸、比一比，感知棉衣等是用来保暖的。

活动准备：

《不怕冷的大衣》PPT课件、夏季和冬季的服装

活动过程：

一、讲述故事，幼儿欣赏

师：你们见过会变暖的衣服吗？让我们一起来听个故事《不怕冷的大衣》吧！

二、讨论故事内容

1. 提出问题，幼儿讨论各种御寒的方法。

提问老二：你在冬天的时候怎么保暖的呢？引导幼儿说出冬季里暖暖的服饰。

> 活动记录与对话：
>
> 贝贝（老二）：冬天气温低，我会穿着暖和的棉衣。
>
> 陈治（老二）：如果手比较怕冷，可以戴上手套。

提问老大：冬季服装和夏季服装有哪些区别呢？

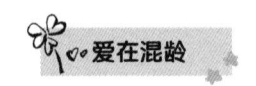

活动记录与对话：

小雨（老大）：冬天的衣服厚厚的，夏天的是薄薄的。

可可（老大）：冬天穿长袖，夏天穿短袖。

2. 教师小结：故事中，兔妈妈提到的"不怕冷的大衣"是什么呢？（运动）冬天不能因怕冷就不锻炼哦！

三、感知夏季和冬季的服装

1. 师：这里有许多服饰，如：围巾、手套、棉袄、短袖、帽子等。

提问老三：谁能够帮我分一分哪些是冬天穿的？哪些是夏天穿的？

2. 引导幼儿进一步感知服装，摸一摸、比一比，并说出两者的区别。

四、活动延伸

1. 了解冬季御寒的各种方法，如：穿暖暖的服饰、多运动、喝羊肉汤或吃其他食物。

2. 班级可以添加绘画、涂色服装的区角材料。

活动反思：

在幼儿的认知过程中，感知觉发展占据重要地位，是依靠幼儿自身的直接感知来认识事物的。因此，我们利用触摸、对比的办法介入到本次活动中。

操作过程中，老三通过触摸和对比，感知到了冬季和夏季衣服的不同，以及棉衣的功能。老二在活动的过程中，对于保暖服饰名称的了解较为薄弱，但在老大的帮助下提升了认知。

暖和的手套

活动二：冬天到

组织形式：

小班年龄教学

活动目标：

1. 幼儿能够有感情地朗读儿歌，理解儿歌的完整内容。
2. 感受歌曲柔和、舒缓的旋律，更深刻地理解和感受冬天。

活动准备：

歌曲《冬天到》、儿歌挂图

活动过程：

一、图片导入，激发幼儿的活动兴趣

师：冬天到了，气温开始下降，北方开始下雪啦！你们见过雪吗？（教师出示图片，幼儿欣赏并大胆地讲述自己的经历）

二、展开活动

1. 通过谈话，引起幼儿对冬天雪花的好奇。

师：想不想一起欣赏雪景呢？（教师播放图片，与幼儿讨论感受）

2. 教师通过上述问题展开互动，从而导出本次活动的主题歌曲。

三、学习歌曲《冬天到》

1. 幼儿完整欣赏歌曲《冬天到》。

冬天到，雪花飘。北风吹，天冷了。小小燕子往南飞，我也穿上小棉袄。

2. 师：歌曲中出现了哪些景象和动物？歌词是什么？

> 活动记录与对话：
>
> 可乐（老三）：我听到歌词里有小燕子。
>
> 小辣椒（老三）：这首歌是关于冬天的歌，对吗？

3. 欣赏第二遍，加深幼儿对歌词的理解。

4. 分组展示，播放背景音乐，幼儿自主创编歌曲动作。

四、活动小结

师：冬天到了，小朋友们一定要注意防寒保暖哦！

活动反思：

儿歌教学是语言教学的方式之一。儿歌的歌词结构单纯，且语言活泼、节奏明快，读起来朗朗上口，深受幼儿的喜爱！

随着冬天的气温下降，幼儿感受到寒冷的氛围。近期很多小老三会因为天气寒冷，入园推迟。为了使幼儿了解冬季的特征，弘扬不怕冷的精神，借用此活动来达到活动目的。虽然我们南方很少下雪的雪景，但可以通过图片呈现来营造。

附歌词：

冬天到雪花飘

北风吹天冷了

小小燕子往南飞去

我也穿上小棉袄

活动三：冬天的变化

组织形式：

中、大混龄

活动目标：

1. 老大能够正确使用温度计，并学会读取数据。
2. 老二在探索中感受冬天的季节特征。
3. 萌发对自然现象的好奇心，乐于探究和实验。

活动准备：

冬天景色图片、头梳、纸屑、温度计

活动过程：

一、谈话引起兴趣

师：小朋友们，今天的天气怎么样？为什么会感觉到很冷？你们知道现在是什么季节吗？（幼儿大胆回答）

教师小结：冬天来了，气温逐渐下降，人们开始加强冬季锻炼、穿棉衣御寒。

二、神奇的冬天

实验一"温度变化"：教师出示实物温度计，引导老大认真观察刻度，并学会读取数据。通过图片，对比冬夏季的温度，让幼儿直观地感受不同季节不同温度的变化。

> 活动记录与对话：
>
> 筱佑（老大）：今天的温度是19℃，夏天会比现在的温度要高。
>
> 小雨（老大）：夏天的时候，温度计的线条会到红色的地方，表示很热。

实验二"静电"：准备一把梳子、一篮纸屑。提问老二：怎么样才能让头梳沾满纸屑呢？（引

导幼儿大胆想象）

教师小结：冬天天气比较干燥，通过摩擦，使得头梳上带满静电，可以将轻薄的纸屑粘住，这个现象叫作"静电"。

三、幼儿操作，教师巡回指导

1. 教师准备两个实验的材料，幼儿分组操作和探索。

2. "温度变化"实验可以用记录表的形式写下来，教师出示不同温度的水，引导老大用正确的方法记录下水的温度。

四、活动延伸

师：冬天里除了温度和静电以外，还有许多神奇的变化等着大家去发现哦！

活动反思：

教育源于生活的点点滴滴，要学会发现身边的科学现象。由于冬天的温度较低，部分科学实验能够较好地开展。

在活动中，大部分老大能够准确地读取温度计数据，知道红色代表温度较高。老二在静电实验中，知道冬天因为天气干燥才会出现静电，还发现了更多可以摩擦起电的物体，但小朋友在室内探索不同的温度还是有一定困难的。

摩擦起电

神奇的静电实验

活动四：冰

组织形式：

集体混龄

活动目标：

1. 老大知道冰形成和融化的过程及用途。
2. 老二、老三通过看看、摸摸，感知冰的特性。
3. 幼儿萌发对科学实验的兴趣。

活动准备：

冰块、热水、透明容器、冰雕图片

活动过程：

一、幼儿自主操作，探索冰的特性

1. 每个小家庭分发若干块冰，幼儿自由探索。
2. 看一看、摸一摸、想一想，说出冰是怎么样的，什么颜色。

二、实验操作

1. 师：刚刚大家都与冰亲密接触，你们了解冰吗？

提问老三：冰块摸上去什么感觉？

提问老二：冰是怎么形成的？

提问老大：用什么方法可以让冰迅速融化？

活动记录与对话：

念念（老三）：冰块摸上去滑滑的，有点冷。

真真（老二）：把水放冰箱可以变成冰块。

思杨（老大）：冰害怕热水，遇到热水就会融化。

2. 出示实验材料：热水、透明容器。

请幼儿将冰放进热水里，观察冰有什么变化，冰块变成了什么。

3. 教师小结：冰块放在热水里都会快速化成水。

三、了解冰的用途

1. 请幼儿说说冰有什么用途，喜欢或不喜欢的理由。

> 活动记录与对话：
>
> 嘉懿（老大）：我喜欢冰，冰放在饮料里凉凉的。
>
> 葵葵（老三）：我不喜欢冰，因为路面结冰容易滑倒。

2. 欣赏冰雕图片，感受艺术的魅力。

四、活动延伸

布置家庭小任务：在温度较低的晚上，找一个小容器装点水，滴上自己喜欢的颜料，再将彩色水放到阳台上，第二天可以欣赏到自己冻的彩色冰。

活动反思：

冬天，生活中最容易接触到的就是冰，冰凉凉的感觉让幼儿有着最真切的体会。幼儿对此活动的热情是非常高涨的！

在分享内容前，幼儿自主探索冰的神奇之处，小家庭之间相互讨论。老二、老三通过表面观察、触摸，感受冰的特性。老大可以深入了解和探索，如：冰的形成和融化、冰的用途等，以此形式将活动升华。

我和我的伙伴分享成果

淘淘制作恐龙冰块

活动五：小动物过冬

组织形式：

集体混龄

活动目标：

1. 老大能清楚地讲述几种常见小动物的过冬方式。
2. 老二、老三知道冬天很多小动物要冬眠，学会爱护小动物。
3. 幼儿萌发探索动物生活的兴趣。

活动准备：

《动物过冬》课件，小动物图片

活动过程：

一、自主交流

教师提问：冬天到了，人们要穿上厚厚的棉衣，那小动物们怎么办呢？（幼儿根据自己的经验，相互讨论小动物的过冬方式）

二、欣赏故事，理解故事内容

1. 教师出示《动物过冬》PPT，幼儿认真倾听。
2. 提问老二、老三：故事中，有哪些小动物呢？
3. 提问老大：这些小动物们分别用什么方式过冬？谁和谁一样？

三、了解小动物冬眠的方式

1. 存储食物：松鼠、蜜蜂、蚂蚁等。
2. 冬眠：蛇、青蛙、乌龟、蝙蝠等。
3. 迁徙：候鸟、大雁、燕子等。

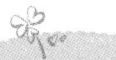

4.换毛：狮子、兔子、羊、狐狸等。

> 活动记录与对话：
>
> 多多（老二）：我知道蛇的冬眠方式是睡觉。
>
> 逗逗（老大）：松鼠和蚂蚁，是储存粮食过冬的。

四、活动小结

师：小朋友们会穿上厚厚的棉衣过冬，而小动物会根据自身特点，使用不同的方法过冬，神奇吗？小动物们很可爱，我们要学会爱护它们哦！

活动反思：

时下寒冷的冬天已经来到，小动物们都在干什么呢？孩子们有了新的探索。幼儿了解动物过冬的方式，知道动物也很聪明，为了能生存下去，不让自己饿死、冻死，都有度过寒冬的本领。

通过本次活动，让幼儿更懂得怎样去爱护动物。在以后的教学中，可以多让幼儿观察一些事物，多了解一些科学知识。

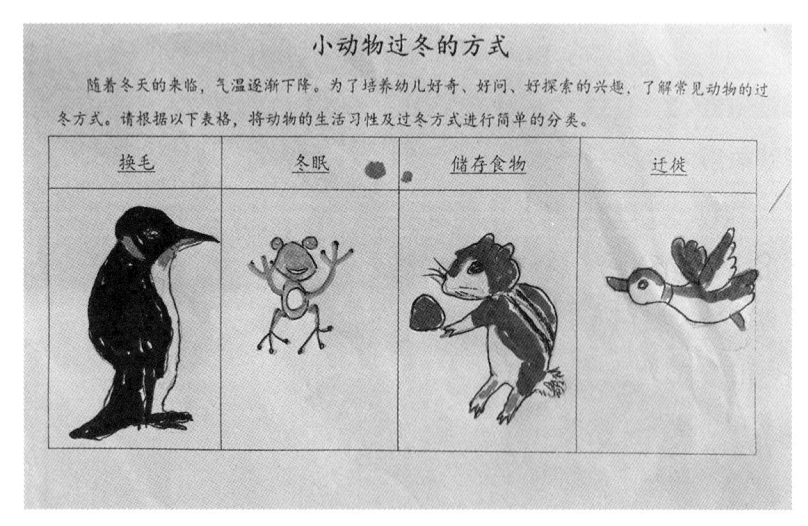

我调查小动物的过冬方式

活动六：冬日美景

组织形式：

集体混龄

活动目标：

1. 老大探索几种常见的植物过冬方式。
2. 老二、老三能关注周围花草树木的季节变化，并用喜欢的方式表达。

活动准备：

经验准备：与爸爸妈妈收集过冬方式

物质准备：景色图片、植物照片

活动过程：

一、谜语导入，激发兴趣

师：小朋友们，今天我给大家带来一个好玩的谜语，我们一起来猜一猜吧！

谜语：小小白花天上栽，一夜北风花盛开。千变万化六个瓣，飘呀飘呀落下来。（打一自然现象）看看哪位小朋友最聪明，猜得又快又对呢！

二、出示景色图片，说说区别

1. 准备一张秋天和冬天景色的图片，提问老二、老三：你们知道这两张图片是什么季节的景色吗？说说它们的区别。

活动记录与对话：

多多（老三）：黄色的树叶是秋天的景色。

玮玮（老二）：冬天看上去白茫茫的一片。

---

2. 教师小结：季节有分为春夏秋冬，每个季节有不一样的景色哦！

三、讨论冬天里的植物变化

1. 师：小动物要过冬，植物也要过冬。提问老大：你们知道植物是怎样过冬的？

> 活动记录与对话：
>
> 嘉懿（老大）：冬天有的植物叶子会掉了，但是植物不会死。
>
> 逗逗（老大）：有的植物会像小动物一样睡觉来度过冬天。

2. 老大出示提前收集好的记录表和图片，与老二、老三一起分享。

3. 植物过冬方式：

休眠方式：杨树、柳树、月季花、栀子花等。

常青休眠：小麦、松鼠、冬青等。

靠根过冬：韭菜、菊花等。

靠种子过冬：蒲公英、花生、玉米等。

四、活动延伸

幼儿利用周末时间，去户外寻找需要人类帮助过冬的植物。老大、老二尝试用绘画的形式记录，老二可以拍照记录。

活动反思：

通过这次活动，让幼儿了解冬天的景象，感受自然界的美与神奇，满足了幼儿的好奇心。为了更好地达到活动目标，我们提前给老大布置小任务，即回家与爸爸妈妈一起收集植物过冬的方式，自由交流和分享发现。

不足之处是，由于我们身处南方，不能更真切地感受到北方那种白雪皑皑的冬天景象。在今后的教学中，会尽量满足幼儿的探索需求，鼓励幼儿动手、动脑大胆探索。

冬天的雪花

活动七：小熊存粮食

组织形式：

集体混龄

活动目标：

1. 老大能听信号做动作，提高动作的协调性和灵活性。

2. 老二、老三学习听信号，手膝着地爬行，增强四肢的肌肉力量。

3. 激发幼儿对体育锻炼的兴趣。

活动准备：

物质准备：红、黄、绿三种颜色的小布袋，小熊头饰，大鼓一个

设置情景：树林、山洞、房子一座

活动过程：

一、扮演角色，活动身体

师：今天天气真好，我们一起来做游戏吧！我扮演大熊，你们扮演小熊好吗？（幼儿跟随教师一起做热身运动，拉伸全身肌肉）

二、动作练习

1. 教师示范讲解"手膝着地爬行"动作要领：

老大：双手撑地，双腿伸直，头稍抬起，眼看前方，左右手协助配合用力向前爬行。

老二、老三：双手撑地，双腿稍屈膝，头稍抬起，眼看前方，左右手协助配合用力向前爬行。

2. 幼儿分组练习。

三、游戏"小熊存粮食"

1. 师：冬天来了，小熊们要开始存储粮食啦！快看，前方有许多关卡，让我们一起来想想怎么

通过吧!

2. 教师与幼儿讨论游戏玩法,请个别幼儿上前示范。

> 活动记录与对话:
>
> 闻子(老大):山洞要弯腰爬过去。
>
> 逗逗(老大):不对不对,我们还可以绕过它,哈哈哈哈!

3. 以混龄小家庭接力的形式,开始第一轮游戏。幼儿到达终点后,将小熊的粮食运回家。(鼓励幼儿互相帮助)

四、游戏升级

途中设置情境:遇蛇,提醒闯关的幼儿听信号做指定动作。重点观察幼儿的动作是否标准,及时调整和帮助。

五、活动小结

集中幼儿,一起做放松运动。

活动反思:

团体游戏在混龄教育中必不可少,游戏中小家庭需要共同完成任务。每个关卡针对不同年龄段幼儿设计,教师讲解完规则后,老二、老三还不太清晰,老大会主动带着弟弟妹妹练习。从活动中看到了混龄教育中同伴间的团结合作。

活动八：红红的

组织形式：

中、小混龄

活动目标：

1. 老二学习运用句式"红红的……"，表达出新年的物品与景象。
2. 老三能够看图识物，简单了解春节的习俗。
3. 认真倾听故事内容，知道过年的来历。

活动准备：

《年》故事 PPT、红色物品（如围巾、鞋子、袜子等）的图片

活动过程：

一、出示封面，激发幼儿对故事的兴趣

师：你们知道什么是年吗？它长什么样子呢？

小结：年是一种凶猛、巨大的野兽，一口能吃掉好几个人，非常可怕。

二、讲述故事，了解"年"的来历

1. 教师完整讲述故事，幼儿认真倾听。
2. 提问老二：你知道可以用什么办法赶走年兽吗？
3. 教师小结：原来年兽害怕火光和响声，还害怕红色的东西。

三、寻找红红的物品，学习"红红的……"句式

1. 师：今天我们班级布置了很多红色的物品，请你们看一看、找一找有哪些。

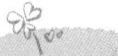

爱在混龄

活动记录与对话：

楠楠（老二）：我们班级窗户上的窗花是红红的。

麦麦（老三）：我的书包也是红红的。

2. 出示图片，幼儿观察画面中的主要内容，大胆回答。

爸爸有红红的什么？（爸爸有一件红红的外套，他很喜欢。）

妈妈有红红的什么？（妈妈有一双红红的皮鞋，她很喜欢。）

哥哥有红红的什么？（哥哥有一顶红红的帽子，他很喜欢。）

姐姐有红红的什么？（姐姐有一条红红的裙子，她很喜欢。）

我有红红的什么？（我有一张红红的笑脸，他们都很喜欢我。）

四、活动延伸

师：除了绘本中红红的物品以外，你还见过哪些东西是红红的呢？

活动反思：

《年》的故事对于老大来说已经再熟悉不过，所以这个活动在设计上我们选择了中、小混龄教学，重点指导老二。

在春节来临之际，孩子们通过欣赏绘本故事，充分地了解到为什么过年要红红的。这些红红的东西都有哪些寓意。学习简单的句式"红红的……"，在延伸活动中可以换一种颜色进行仿编，拓展幼儿想象空间。

思考下·什么是红红的

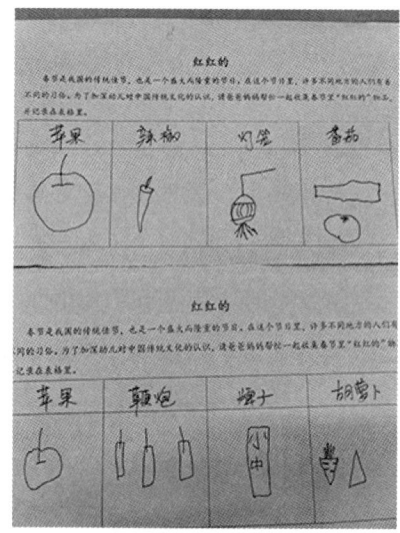

这是我的记录表

活动九：过新年

组织形式：

集体混龄

活动目标：

1. 老大能够说出新年里的趣事，并根据歌曲的结构创编动作。
2. 学唱歌曲，感知节奏的欢快。
3. 感受新年的热闹，体验欢快的情绪。

活动准备：

歌曲《过新年》、图片图谱、鞭炮音效

活动过程：

一、播放音效，激发幼儿的兴趣

师：听，这是什么声音？（鞭炮）为什么会有鞭炮声？在庆祝什么节日呢？

二、出示图片，了解新年活动

1. 幼儿观看图片，自主讨论。
2. 提问老二、老三：在庆祝新年时，大家还做了哪些事情呢？

> 活动记录与对话：
>
> 多多（老三）：爸爸妈妈会给我们压岁钱。
>
> 佩琪（老二）：可以去街上买新衣服。

2. 小结：新年到了，大家用燃放鞭炮、唱歌跳舞、敲锣打鼓的方式来庆祝。

三、播放歌曲，理解和熟悉歌词

1. 第一遍播放歌曲音频及图片，感受歌曲的欢乐情绪。

师：这首歌听起来有什么感觉？

> 活动记录与对话：
>
> 筱佑（老大）：有放鞭炮和敲锣打鼓的声音，特别热闹！
>
> 以默（老二）：这首歌听起来让人觉得很开心！

2. 第二遍欣赏歌曲，熟悉歌词。

提问老大：歌曲中有哪些声音和歌词？

3. 教师结合歌曲内容有节奏地念出来，引导幼儿创编动作。教师总结。

四、学习歌曲《过新年》

1. 播放歌曲音频及图谱，引导幼儿学唱歌曲。

2. 幼儿根据音乐节奏唱，边唱边做动作。

五、活动延伸

家长与幼儿了解更多过年习俗，感受新年的欢乐气氛。

活动反思：

这首音乐曲调活泼、欢畅，节奏轻快。整个过程以幼儿为主，一点一点推着进行，幼儿了解这首音乐的节奏规律是强、弱、强、弱，并让老大学会看图谱进行演唱。

活动中选用了形象具体的图谱，吸引老二、老三学习歌曲的注意力，激发了幼儿对音乐活动的兴趣。第二次开展活动，可以根据不同年龄段选择不同的乐器，尝试让幼儿共同演奏，进一步感知音乐。

附歌词：

新年到，放鞭炮，鞭炮蹦蹦跳。

新年真热闹，鞭炮响，哈哈笑。

祝我新年长一岁，祝我个子快长高。

活动十：备年货

组织形式：

集体混龄

活动目标：

1. 老大认识各类不同的年货，并绘画在采购表上。

2. 老二、老三了解年货的由来。

3. 体验新年置办年货的乐趣。

活动准备：

各类年货图卡、采购表

活动过程：

一、谈话导入，回忆新年习俗

教师：小朋友们，中国的传统节日——春节，马上就要到啦！你们还记得去年过春节时，都做了哪些事情吗？（幼儿思考）

二、欣赏图片，了解年货的由来

1. 教师：在很久很久以前，人们的交通不太方便。为了春节时能够与家人多团聚一会，他们会在年前准备好许多年货，你们知道有哪些吗？

2. 教师出示年货图卡，提问老大、老二：谁愿意来给年货分分类呢？

> 活动记录与对话：
>
> 佩琪（老大）：年货可以分为年糖、年饼和瓜果类。
>
> 屹宸（老三）：里面有大大小小的年货。

3. 请个别幼儿上前操作，教师小结并评价。

三、制作"混龄采购表"

1. 师：在春节来临之前，要举办一场"年货集市"，需要小朋友们到市场里去进货，你们觉得哪些物品适合售卖？为什么？

> 活动记录与对话：
>
> 米果（老大）：准备一些糖果来卖，祝大家新的一年甜甜蜜蜜！
>
> 陈治（老大）：可以买散装的年货，成本更低。

2. 引导老大说出可以批发一些便宜的物品，提高价格进行售卖，再扣除成本价格就是盈利。（在实践中，加强幼儿的计算能力）

3. 混龄小家庭分组，老二、老三说出自己想采购的年货，老大负责绘画和记录。

四、活动延伸

布置周末小任务：老大约上弟弟妹妹一起到市场采购，记录进货价。

活动反思：

为了引导幼儿进一步感受到新年的氛围，延续中国的传统习俗文化，混龄班将开展"年货集市"主题活动。

整个活动组织下来，我们将发现的问题抛给孩子，他们根据自己的生活经验，大胆地说说如何"做生意"。引导老大去认识什么是利润、什么是成本，并尝试简单的计算，为之后的活动做好铺垫。

这是我的采购计划　　**采购现场**

活动十一：年货加工厂

组织形式：

集体混龄

活动目标：

1. 老大能够分清各类年货，学习包装物品的方式。

2. 老二、老三能清楚说出自己采购的年货名称，辅助老大完成任务。

3. 体验置办年货的乐趣，乐意动手操作。

活动准备：

采购表、年货、包装材料

活动过程：

一、分享小家庭年货

师：周末大家有去市场采购年货吗？都采购了哪些物品呢？请老大带着弟弟妹妹们一起向大家介绍吧！（引导老大、老二说出年货名称，以及进货价）

二、讨论售卖细节

1. 幼儿将年货进行分类，提问老大：像瓜子、花生这些散装的物品应该怎么售卖？可以用什么材料包装呢？（教师出示包装材料）

> 活动记录与对话：
>
> 恺恺（老大）：商店里的瓜子、花生是用塑料袋装起来卖的。
>
> 瀚可（老三）：我也想试试！

2. 分工合作

老大讨论物品的价格，制作售卖海报和混龄 logo。

老二、老三洗完手后将食品装袋，并封口。

3. 提出使用材料的注意事项，如：封口机、剪刀、勺子等。

三、"年货加工厂"

幼儿操作，教师巡回指导。提醒幼儿把控好食品的数量，袋口要封紧一些。

> 活动记录与对话：
>
> 如羿（老大）：我们的价格要比成本价更高，这样才能赚到钱。
>
> 麦子（老二）：皓扬弟弟，你帮我牵住袋子，我来把食物装进去。

恺恺老大在制作新年挂饰

四、活动延伸

1. 将食物和包装材料投入到区域中，幼儿可以利用晨间空闲时间完成制作。

2. 丰富和创设班级的新年环境。

活动反思：

经过周末的采购，孩子们将自己的年货和采购表带到班级分享，老大按照糖类、瓜果类、饼干类的年货分开收纳。

上周的活动中，老大制作好自己小家庭的采购表，但发现他们采购回来的物品重复率较高，瓜子、花生偏多，年糕类的食物基本上没有。为了丰富孩子的年货知识面，我们利用班级班费另外采购了一些食物。在制作时，孩子们动手操作的机会特别多，能相互帮助！

老二、老三包装零食

活动十二：年货集市

组织形式：

集体混龄

活动目标：

1. 老大学习物品售卖的方法。

2. 老二、老三加强社会交往能力，感受春节的热闹氛围。

3. 在实践活动中大胆地表现自己，体验成功的快乐。

活动准备：

场地布置、年货、音响话筒

活动过程：

一、活动前准备

幼儿跟随教师到场地进行整理，布置出浓浓的春节氛围。

二、谈话导入，讨论分工

1. 师：小朋友们，今天我们要去门口卖年货啦！你们准备好了吗？（出示场地图片）教师介绍各个场地所售卖的物品。

2. 提问老大：你觉得老大适合做什么？那老二、老三呢？

> 活动记录与对话：
>
> 陈治（老大）：客人付款的时候，需要有小朋友在旁边监督。
>
> 萌萌（老二）：我们可以向客人介绍物品，让他们多买一些。

3. 小结：数字计算老大最擅长，老二、老三可以负责介绍和招揽客人。

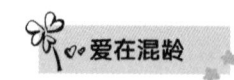

三、"年货集市"开张啦

1. 幼儿分工合作，教师引导老二、老三大胆地向客人介绍自己制作的物品，说一些新年祝福语，学会礼貌交往。
2. 提醒老大认真地计算价格，核对完再付款。
3. 教师巡回指导、拍照。

四、活动延伸

1. 幼儿清点年货数量，计算一天的收入。
2. 自由讨论，可以用赚来的钱做哪些有意义的事情。

活动反思：

幼儿筹备已久的"年货集市"终于开张啦！前期幼儿通过讨论、计划、进货和包装，积极地参与到活动中。在社会实践中，提高幼儿的买卖意识和语言表达能力，简单了解成本和利润的意义。

本次活动中，我们发现老大和老二的操作兴趣更高，老三对于买卖方面的意识比较薄弱。于是，在第二次售卖前我们让老三从家里带一些闲置的小玩具来售卖，使混龄家庭之间的互动变得更多。

香喷喷的茶叶蛋　　　　**合作布置场地**

主题六 老大毕业啦

"老大毕业啦"主题由来

六月,总是来得如此匆忙!似乎早已有了准备,当真的来临却又措手不及,心里总被填满种种情绪,如欢喜老二、老三的成长,伤感老大们的离别。

本月主题为"老大毕业啦",曾经小小的人儿在不知不觉中成长,一路跌跌撞撞却永不放弃,如今迈着自信的步伐奔向小学生活。在离别的氛围中,混龄班的兄弟姐妹之间互道不舍,纷纷献上自己的祝福,并有效地完成"实习老大"的交接工作。毕业前夕,园部为老大们举行隆重的毕业典礼和欢送活动。

主题网络图

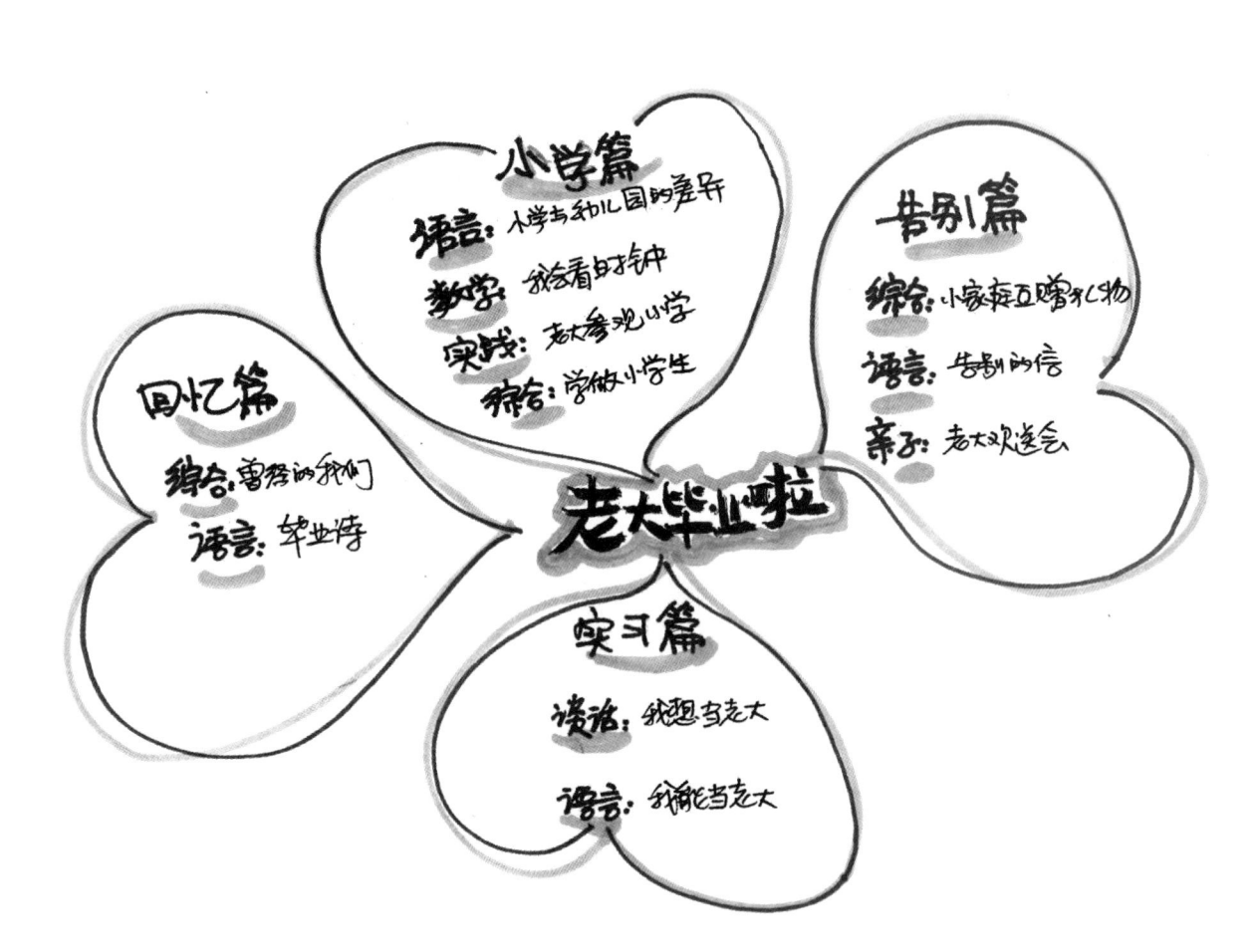

老大毕业啦

小学篇
- 语言：小学与幼儿园的差异
- 教学：我会看时钟
- 实践：参观小学
- 综合：学做小学生

告别篇
- 综合：小家庭互赠礼物
- 语言：告别的信
- 亲子：老大欢送会

回忆篇
- 综合：曾经的我们
- 语言：毕业诗

实习篇
- 谈话：我想当老大
- 语言：我能当老大

活动一：曾经的我们

组织形式：

集体混龄

活动目标：

1. 老大能清楚连贯地说出自己过去与兄弟姐妹之间的趣事。

2. 老二、老三通过照片分享和回忆，对比自己小时候与现在的不同。

3. 感受成长的快乐。

活动准备：

照片、绘画材料

活动过程：

一、谈话导入，激发幼儿的活动兴趣

师：随着时间的流逝，混龄班的小可爱们正在慢慢地成长！你们还记得自己小时候在幼儿园的样子吗？

二、出示照片，回忆曾经的我们

1. 教师播放幼儿小时候在园里的照片，猜猜照片里的是谁。

> 活动记录与对话：
>
> 贝贝（老大）：这有点像我的好朋友——米果，皮肤白白的。
>
> 闻子（老大）：他的眼睛大大的，和现在差不多。

2. 提问老大：你从哪里看出来是这位小朋友的呢？

三、家庭讨论和感受成长的变化

1. 提问老二、老三：说说自己和小时候比起来有哪些变化。

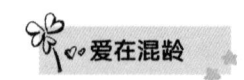

活动记录与对话：

安吉拉（老二）：我以前很喜欢吃东西，长得肉嘟嘟的！现在我长高了。

升升（老三）：我从小就是单眼皮，和妹妹长得很像。

2. 提问老大：分享与兄弟姐妹们之间相处的趣事。

活动记录与对话：

佩琪（老大）：我的好姐妹是可可，我们周末经常约出来一起玩。

四、绘画"小时候和现在的我"

1. 老二、老三回忆自己小时候和现在长相的不同，并尝试画出大致的轮廓。

2. 教师巡回指导，引导老大回忆过去与兄弟姐妹的趣事，并大胆画下来。

3. 播放轻音乐，创造宽松的绘画氛围。

五、评价与赏析

1. 提早完成的幼儿自主与同伴分享。

2. 集中幼儿，请幼儿带上自己的作品，清楚、完整地表达绘画内容。

六、活动小结

师：长大很甜，像棒棒糖那么甜；长大很酸，像梅子那么酸；每位小朋友的成长之旅都不一样，会尝到各种各样的滋味。我们欣喜、我们迎接，不担心不害怕！

活动反思：

在幼儿的眼里，成长是酸酸甜甜的。尝试过成功与失败、快乐与难过，勇于发现自己与众不同的地方，这些都将成为他们成长的足迹。

通过本次活动，幼儿进一步认识自己，发现小时候和现在的不同活动。活动过程中孩子们的兴致很高，积极举手说出自己的成长变化。重点是感知混龄班的身份角色变化，从哭闹的老二、老三，慢慢成长为懂事的老大，每位幼儿都在憧憬着自己长大后的样子！

小时候的浩博老大　　　　　　　　　　　小时候的安吉拉老大

活动二：毕业诗

组织形式：

大班年龄教学

活动目标：

1. 理解诗歌内容，有感情地朗诵。

2. 幼儿能够清楚连贯地讲述自己三年来的变化。

3. 感受毕业带来的成就感和对未来小学生活的向往。

活动准备：

《毕业诗》

活动过程：

一、谈话导入，说说三年来的变化

师：老大们，你们在幼儿园生活三年了，马上就要毕业了！在幼儿园里你印象最深或最喜欢的事情是什么呢？

> 活动记录与对话：
>
> 陈治老大：最喜欢的是与小伙伴一起玩滑滑梯。
>
> 烁霖老大：我觉得印象最深刻的是我们一起在后山做清明饼，特别美味！

二、欣赏并学习《毕业诗》

1. 播放轻音乐，教师有感情地朗诵诗歌。

2. 引导老大说说自己三年前和三年后的变化。

活动记录与对话：

逗逗（老大）：刚来上幼儿园的时候，对环境很陌生，大哭大闹！不愿意离开爸爸妈妈。

小雨（老大）：三年后，我已经成为老大，学会了很多本领，还能照顾弟弟妹妹。

3. 老大分段学习诗歌内容。

（1）第一段：小学一年级要怎样学习？

（2）第二段：三年前的我和三年后的我有什么变化？

（3）第三段：说一说表示感谢的话语。

三、幼儿尝试有感情地朗诵（注意语句的跌宕起伏）

毕业诗

今天是我最后一次站在这里，和老师、小朋友在一起，我是多么欢喜。再过几天，我就要进小学，做个一年级小学生，坐在明亮的教室里，读书、写字，多神气！亲爱的老师，我有很多话想说给您。三年前我第一次到这里，玩具扔满地，还要发脾气。今天站在这里的还是我自己，脸上再没有泥，手帕袜子自己洗，还会唱歌、跳舞、画画、讲故事，懂得了很多道理。亲爱的老师，我从心里感谢您，再见吧，老师！以后我一定来看您，向您汇报我的学习成绩。

四、活动小结

师：这首毕业诗讲述了小朋友们在幼儿园三年来的生活，老大回家记得多加练习，准备毕业典礼展示哦！

活动反思：

一届又一届的孩子们学习这首诗歌——《毕业诗》，每次都会收获不同的感动。活动开始前，与老大一起回忆在幼儿园的美好时光。从刚入园时哇哇大哭喊妈妈，到现在变成有礼貌的好孩子，感受着孩子们纯真而又细腻的情感。

爱在混龄

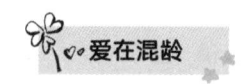

　　本次活动重点围绕老大三年来的成长,提出问题:"你们这几年都学会了什么本领呢?"通过这个问题,引导老大进行回忆与思考。《毕业诗》是毕业典礼的节目之一,我们将内容发至家园互动群内,告知家长督促老大们多加练习。

毕业典礼节目《毕业诗》

活动三：我想当老大

组织形式：

中、大混龄

活动目标：

1. 老大能够完整地讲述自己如何照顾弟弟妹妹。
2. 老二能够清晰地表达自己对当好老大的愿望和计划。
3. 感受离别前的不舍及对未来生活的期待。

活动准备：

歌曲《送别》

活动过程：

一、谈话导入，激发幼儿的兴趣

师：小朋友们，和我们朝夕相处的老大就要毕业上小学啦！老二很快会承担起老大的工作，照顾弟弟妹妹。

二、提问环节

1. 表嘱托，聊畅想。

（1）提问老大：你们即将离开混龄班，作为老大你们有什么要向弟弟妹妹嘱托的吗？

> 活动记录与对话：
>
> 淘淘（老大）：我的老二是珈企，以后不能只顾着玩，要照顾新来的小老三。
>
> 筱佑（老大）：你们平时出去玩的时候，一定要牵住弟弟妹妹的手，跟紧老师的队伍。

（2）提问老二：你们即将接过老大的接力棒，怎样才能当好老大呢？

爱在混龄

> 活动记录与对话：
>
> 默默（老二）：想成为好老大力气一定要大，能够帮助老师做些事情。
>
> 朔朔（老二）：要学会擦桌子、扫地，安慰哭了的弟弟妹妹。

2. 小结：成长是一件开心的事情，老二在哥哥姐姐的带领下学会如何当好老大。接下来，我们一起制定"实习老大"计划表吧！

三、"实习老大"计划表

1. 老大与老二交流经验并讨论：想成为怎样的老大？

2. 制作"实习老大"计划表，以列表的方式呈现。

3. 教师巡回指导，引导幼儿可以添加上一些平时的值日生工作（如：擦桌子、扫地、整理玩具等）

四、活动小结

师：今天我们制定了"实习老大"计划表，下一次要开始正式考核，这几天老二们要加油学习咯！

活动反思：

转眼来到六月毕业季，混龄班每年迎来送往，一批批大孩子毕业，一批批小孩子入园。他们在一起相处2-3年，相互之间产生浓厚的友情。

本次活动以谈话的形式开展。老大说说自己对老二的一些嘱托，大胆地表达自己的不舍。老二在即将晋升为老大时，聊聊自己的内心感受，畅想着如何成为一名合格的老大，并与老大一起制作"实习老大"计划表。

小米姐姐在教弟弟扫地

活动四：我能当老大

组织形式：

集体混龄

活动目标：

1. 老大能够较好地评价老二当"实习老大"的表现。
2. 老二在哥哥姐姐的指导下完成实习老大的考核，学会如何照顾他人。
3. 老三能根据老二的表现，选出心目中的实习老大。
4. 体验照顾他人带来的成就感。

活动准备：

"实习老大"考核卡

活动过程：

一、活动导入，激励老二

师：昨天老大和老二制定了"实习老大"计划表，想问问老二，你们有信心完成吗？为什么？

> 活动记录与对话：
>
> 多多（老二）：我这几天都有在帮助老大，熟悉了"实习老大"的工作内容。
>
> 葵葵（老二）：有信心完成任务，因为我在家里也会帮助妈妈做家务。

二、"实习老大"考核

1. 老二按照制定好的"实习老大"计划表完成任务，老大在旁督促。
2. 每组家庭带上一张考核卡，由老大和老三进行打分。
3. 教师负责拍摄，巡回指导和帮助。

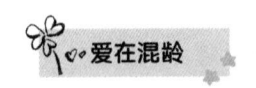

三、评价实习老大，传授勋章

1. 提问老大：你们给"实习老大"打几分？为什么？

> 活动记录与对话：
>
> 恩琪（老大）：我会给我的老二打 9 分，虽然他把卫生搞得很干净，但是速度太慢了，容易耽误很多事情的。

2. 提问老三：你觉得你的老二能成为好老大吗？为什么？

> 活动记录与对话：
>
> 响响（老三）：我觉得多多是最好的老二，她把我照顾得很好！
>
> 小宝（老三）：葵葵姐姐好棒！她一定可以成为第一名的。

3. 集中幼儿，老大为老二戴上"实习老大"勋章。

四、活动小结

今后混龄班的工作就由你们负责，一定要替老大照顾好弟弟妹妹和老师，期待你们的表现哦！

活动反思：

老大即将毕业离开，为了让幼儿感受混龄教育的传承，前几天老大和老二一起制定了"实习老大"计划表，今天开始正式考核！

开始前，我们巩固了值日生工作内容，增强老二的自信心。每组家庭由老大和老三一起评分，并简单说说考核的情况。本次活动不仅给予老大领导管理的机会，还锻炼老二自我服务、照顾他人的能力，为下学期新的角色做好准备。

葵葵老二顺利通过考核

活动五：老大参观小学

组织形式：

大班年龄教学

活动目标：

1. 观察和了解小学的环境设施、作息时间、活动内容等与幼儿园的不同之处。
2. 萌发成为小学生的愿望，为进入小学奠定良好的心理素质。

活动准备：

1. 经验准备：让幼儿带着问题去参观小学，明确参观小学的任务与要求，并提醒幼儿外出参观活动要注意安全及不影响小学生学习等。
2. 材料准备：书包、矿泉水、汗巾、纸巾

活动过程：

一、点名环节

1. 教师 8：30 在实验小学（茶场校区）门口迎接各班幼儿，佩戴好口罩，进行点名。
2. 组织幼儿排队，与幼儿讲解参观小学的注意事项，提醒幼儿注意安全，遵守活动规则。

二、参观小学的课间操

站位：面对小学生站台前方每班排成两队，一队站，一队蹲。

三、生活环节吃点心

教师组织幼儿如厕、洗手、用点心。垃圾由教师收好，收进垃圾袋。

四、幼儿代表采访小学生

1. 小学老师介绍课堂礼仪。
2. 小记者问答，每班 1-2 人。

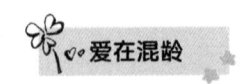

> 活动记录与对话：
>
> 惜墨（老大）：哥哥姐姐，你们平时要学习什么内容呀？
>
> 小学生：我们是一年级的小学生，除了艺术和体育以外，目前只学习语文和数学。

五、教师点名，家长接幼儿回园

与小学里的老师、哥哥姐姐们告别，安全回到幼儿园。

六、活动小结和延伸

1. 表达与交流：你在小学里看到了些什么？该怎样做个小学生？

> 活动记录与对话：
>
> 烁霖（老大）：我看到他们一张桌子上坐两位小学生。
>
> 安吉拉老大：上课时，坐姿要端正，有问题要举手回答。

2. 表达与创造：把自己在小学里看到的、听到的、印象最深的用自己喜欢的方式表达出来。

活动反思：

随着毕业的脚步越来越近，老大对小学生活感到陌生又好奇。为了帮助他们全面认识小学，以积极的心态迎接小学生活，大班年龄组以及混龄班老大们于5月20日参观实验小学（茶场校区）。

一开始，幼儿参观了小学的学习生活，随后又参观阅览室、实验室、音乐室、食堂等场所，最后进入教室体验了当小学生的滋味。回到幼儿园后，老大们兴奋地与老二、老三分享自己的所见所闻，可见他们对小学生活有着无限憧憬。

老大参观小学合影

楷雅老大在写生小学

活动六：小学与幼儿园的差异

组织形式：

大班年龄教学

活动目标：

1. 通过比较，说出小学与幼儿园的差异。

2. 激发幼儿对小学的憧憬和渴望。

活动准备：

小学和幼儿园图片

活动过程：

一、活动导入

师：老大们，昨天我们一起去参观了小学，一起来说说小学和幼儿园有哪些不一样吧！

> 活动记录与对话：
>
> 俊衡（老大）：我看到小学的哥哥姐姐要戴红领巾。
>
> 浩博（老大）：小学里面没有滑滑梯可以玩。

二、观察图片，分组讨论

1. 教师出示小学和幼儿园的图片，组织幼儿分组讨论。

2. 自主选材，尝试把自己的想法记录下来。

三、绘本分享：《大头鱼上学记》

1. 幼儿欣赏绘本故事，理解故事内容。

2. 教师小结：绘本里的大头鱼第一天上学遇到了各种"麻烦"，心中充满了害怕和焦虑。但经过一天的适应，大头鱼对新的校园充满了兴趣。我们也要像大头鱼一样，遇到问题不逃避，积极应对挫折。

四、活动小结

师：今天我们一起对比了小学和幼儿园的生活和环境，大家都能够积极主动地说出自己的想法，并期待美好的小学生活！

活动反思：

《幼儿园工作规程》明确指出："幼儿园教育应和小学密切联系，互相配合，注意两个阶段教育的相互衔接。"因此，进一步加强幼儿园和小学教育的衔接，有目的、有计划地进行学前儿童入学适应性教育是很有必要的。为了缓解老大的入学焦虑，我们开展了幼儿园与小学比对的教学活动。

活动中，我们发现老大对于小学的话题特别感兴趣，能够积极地讲述自己在参观小学时的所见所闻，分享幼儿园和小学生活的差异，说明此次活动为孩子们顺利适应小学的学习与生活打下了良好的基础。

幼儿园与小学的差异

本学期对于老大来说是最重要的时刻，即将开启新的学习生活。幼儿园和小学时是相互衔接的两个教育阶段，为了让幼儿减少入学焦虑，园部组织幼儿参观茶场小学，并记录下区别之处。

幼儿园	小学

小学和幼儿园的差异调查表

活动七：我会看时钟

组织形式：

大班年龄教学

活动目标：

1. 了解钟面的主要结构，知道时针、分针的运转规律。
2. 学会看整点和半点，发展逻辑思维能力。
3. 增强时间观念，体验数学游戏的快乐。

活动准备：

课件、时钟、操作材料

活动过程：

一、猜谜引题，激发幼儿对活动的兴趣

师：今天我们一起来猜个谜语吧！请听题：兄弟三人齐上路，有快有慢不停步，走了三百六十日，没有走出玻璃铺，猜猜看这是什么？（时钟）

二、播放课件，认识时钟

1. 提出问题：如果我们要把圆变成时钟需要添加什么？有哪些数字？数字排列有规律吗？长针叫什么？短针叫什么？

> 活动记录与对话：
>
> 可可（老大）：时钟要有数字和针。
>
> 闻子（老大）：数字有规律，从小到大。
>
> 逗逗（老大）：一共有三个针，时针、分针和秒针。

2. 教师引导老大展开讨论，并小结。

三、操作学习，认识整点与半点

1. 观察课件，初步学习看整点与半点的方法。

2. 师：分针指在数字12，时针指向几就是几点整；分针指在数字6，时针指向两个相邻的数字中间，时针刚走过几就是几点半。

3. 出示操作学习包，两人一组，你说我做，共同操作时钟模型。

四、游戏体验：老狼老狼几点钟

规则：老师当老狼，老大们当小羊。老狼出示时钟时，请小羊说出时间。老狼说出几点时，小羊就把手上的钟拨到几点。小羊拨好钟就停下来，请老狼看时间。如果拨错时间，可能会被老狼吃掉。

五、活动小结

师：时钟是我们的好朋友，它可以提醒我们什么时间该做什么事情，生活中少不了它。我们要学会珍惜时间，做一些有意义的事情。

活动反思：

俗话说："一寸光阴一寸金，寸金难买寸光阴。"从小培养幼儿的时间观念，知道时间的珍贵。特别是对于马上跨入小学的老大们，开展本次活动很有意义。分组练习则为幼儿提供了动手操作的实践机会，不但激发幼儿探究事物的兴趣，也培养了幼儿的观察能力。

最后，教师通过"老狼老狼几点钟"的小游戏，给枯燥的数学活动带来了欢乐，同时让幼儿在玩中学会认识整点和半点。

活动八：学做小学生

组织形式：

大班年龄教学

活动目标：

1. 了解小学生的学习和生活规则。

2. 积极地表达对小学的印象、想法。

3. 萌发对小学的向往与憧憬，感受当小学生的光荣。

活动准备：

教学课件、幼儿用书、自备学习用品

活动过程：

一、谈话导入，激发幼儿的回答兴趣

师：老大们，再过一段时间我们就要和幼儿园说再见，进入一个新的学校——小学。你们知道小学生是怎么上课的吗？有哪些好的行为？你有什么感想？

> 活动记录与对话：
>
> 花生（老大）：听到铃声我们要回到教室坐好，拿出上课的书本。
>
> 玮玮（老大）：小学里要学习很多知识，还要会写汉字。

二、出示挂图，幼儿观察

1. 观看小学生上课的过程，自主回答问题。

2. 教师逐一分发幼儿用书，与幼儿讨论上课时好的行为和不好的行为，并给相应的五角星涂上颜色。

3. 教师小结：专心听讲、举手发言、遵守课堂纪律等都是好的行为。

三、模仿游戏"我是小学生"

1. 教师将教室的桌椅摆成小学课堂的样子，与幼儿共同模仿小学生上课时的具体情景，包括上下课、课间活动、游戏等。
2. 鼓励幼儿说说自己的感受。

四、欣赏歌曲《像个小学生》

1. 教师分段范唱，与幼儿一起讨论歌词内容。
2. 引导幼儿大胆地进行表演和歌唱。

五、活动小结

师：今天我们了解和模拟小学的生活。当小学生是一件很光荣的事情，从现在开始要学会照顾自己、管理自己哦！

活动反思：

老大们临近毕业，对于小学充满了向往和好奇，因此开展了本次活动"学做小学生"，进一步模拟小学的学习和生活。以老大的兴趣为切入点，开展幼小衔接教育活动，满足其好奇心。

通过本次活动，我发现老大们在平时的生活和学习上有了很大的进步，每天都争当优秀的哥哥姐姐，使得老二、老三特别崇拜！借此机会，还可以培养老大好的生活习惯及作息规律。

提前熟悉小学课堂生活　　　　　　　　　　**正确的书写姿势**

活动九：小家庭互赠礼物

组织形式：

集体混龄

活动目标：

1. 老大能用多种方式向弟弟妹妹告别，制作带有自己创意的礼物。
2. 老二、老三能表达对哥哥姐姐的喜爱和敬慕之情。
3. 营造离别的氛围，感受不舍的混龄情谊。

活动准备：

绘画材料

活动过程：

一、谈话导入，激发幼儿兴趣

师：六月毕业季，马上就要迎来老大的离别，你们知道可以用什么方式送离别祝福吗？（引导幼儿说出唱歌、讲故事、送礼物等）

> 活动记录与对话：
>
> 贝贝（老大）：我知道，可以给老二、老三写贺卡。
>
> 珈企（老二）：送一份礼物给淘淘老大。

二、讨论制作礼物的方法

1. 师：你们想做什么礼物互相赠送呢？需要用到什么材料？怎么制作？
2. 幼儿讨论自己对礼物的构思，为之后的活动做铺垫。
3. 教师逐一出示材料，让幼儿说说他们的用法。

三、自主制作礼物

1. 提出制作要求，幼儿仔细倾听。
2. 引导幼儿先想好自己制作的礼物再进行操作，自主选材。
3. 提醒幼儿使用记号笔时尽量保持手和画面的整洁。
4. 教师帮助能力较弱的幼儿，鼓励其大胆创作。

四、小家庭互赠礼物

师：小朋友们做的礼物可真漂亮，把掌声送给自己吧！在送别人礼物的时候，请介绍礼物是什么，还可以送上自己的祝福哦！收到别人送的礼物要双手接过，并表示感谢！

五、活动小结

师：今天混龄班的兄弟姐妹们互赠了精美的小礼物。我们是相亲相爱的好伙伴，以后要常常保持联系哦！

活动反思：

本次活动以美术的形式开展，主题为送给哥哥姐姐、弟弟妹妹的告别礼物。以生活经验导入活动，既调动了幼儿参与活动的积极性，又激发了小家庭之间的情感。活动前，幼儿分享自己的想法，为之后的绘画活动做好准备。

在制作礼物的过程中，幼儿特别仔细、认真、积极地参与制作。最后，在赠送礼物时提醒幼儿说说祝福语，进一步提升其表达能力。

我送给弟弟妹妹的礼物

一起合影留念

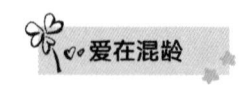

活动十：告别的信

组织形式：

集体混龄

活动目标：

1. 老大知道信件的基本要素，能够运用图符设计信件。
2. 老二、老三能够根据图符，大致说出画面内容。

活动准备：

空白信封、签字笔

活动过程：

一、谈话导入，激发幼儿的兴趣

提问老大：你们有为别人写过信吗？你们知道写信的基本格式是怎么样的吗？让我们一起来看看吧！

二、出示图片，幼儿讨论

1. 教师出示一张写信的格式图片，与幼儿一起讨论信的内容（重点提问老大）。
2. 小结：开头称呼要顶格，可以加上一些修饰词或问候语，正文以分段的形式书写，如果出现不认识的字可以用图案进行表示，最后再写上署名和日期。

三、出示空白信封和书写材料

1. 师：你们想为谁写一封信呢？

活动记录与对话：

俊翊（老大）：我想给我的老二、老三写一封信，但是他们不认识字。

文多（老大）：可以用图案的方式，他们就看得懂啦！

2. 教师分发空白信封和书写材料，鼓励老大尝试写信，引导其用图案的形式表达，注意写信的基本格式。

3. 老二、老三在哥哥姐姐的引导下，学会根据图符，大致说出画面内容。

四、活动小结

师：老大带着老二、老三一起分享你们的信封内容吧！

活动反思：

教育源于生活，书信是用文字来表达情意的一种方式，而幼儿园的孩子对书信比较陌生，为此我开展了本次活动。

活动中，老大对写信特别感兴趣，了解完信件的基本格式后，开始用图符的方式表达自己对弟弟妹妹的爱意。老二、老三在自由活动后，与老大一起阅读信件内容，尝试自己看图符，加强幼儿的动脑想象力和画面构造力。

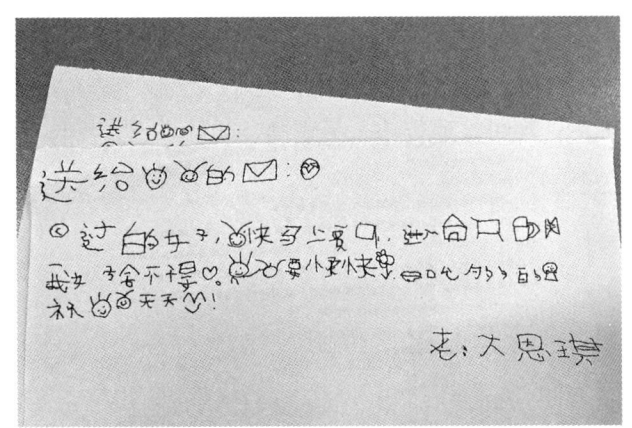

恩琪老大送给弟弟妹妹的一封信　　　　　　　　　**设计信封**

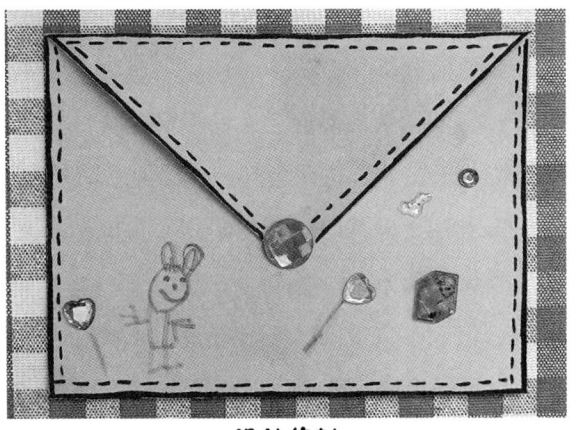

活动十一：老大欢送会

组织形式：

集体混龄

活动目标：

1. 在欢送和告别中，混龄兄弟姐妹之间产生不舍的情谊。
2. 产生对新鲜事物的探索兴趣，感受成功带来的喜悦。
3. 增进亲子之间的感情，促进家园共育。

活动准备：

舞台、桌椅、气球、签到台、红毯、话筒音响、音乐、礼物、勋章、红领巾

活动过程：

一、活动前准备

1. 提前邀请前届的老大们（宋梓闻、俞茗珺、陈治、廖可、邱筱佑、吴俊泽、胡佩琪、张修竹、王言恺、王芷岩、肖裴嘉懿、林铄坤）回来参加欢送会。
2. 利用上午的时间，与幼儿一起布置班级。

二、家长签到（2：20-2：30）

一位老师负责门口家长签到，并引导他们欣赏门口的幼儿成长档案和画册。

三、小家庭走秀（2：30-2：40）

四、学期总结（2：40-3：00）

班主任老师对本学期工作简单地回顾和总结，并介绍本次活动的流程。

五、致辞、交接勋章（3：00-3：20）

1. 高校老师、老大们进行致辞，老二、老三代表致辞。

2. 老大勋章交接仪式。

六、往届老大分享小学生活（3：20-3：30）

1. 请往届老大——贝贝分享一下在小学发生的有趣的故事及新的学习环境。

2. 为毕业老大送上红领巾。

七、感恩、送礼（3：30-3：40）

1. 颁发优秀家长奖状，致谢老师和园长。

2. 由老师为老大送上毕业相册，并合影留念。

八、歌唱"送别"（3：40-3：50）

播放音乐，所有孩子一起歌唱送别及手势舞。

九、活动小结

组织家长和幼儿一起收拾场地卫生，并将自己的物品带回家。

活动反思：

时间很快，转眼来到六月毕业季，即将有 11 位老大毕业离开我们进入小学，"老二、老三"为了表达心中不舍，决定开展本次"欢送会"活动。活动前我们对往届老大和家长们发出邀请，还邀请贝贝老大分享他在小学的一些生活照片。

活动中，老大向弟弟妹妹致辞，表达心中的不舍和寄托，希望他们能够成长，学会照顾别人。老二、老三也有许多话想对老大说，将自己的一些祝福送给老大，希望他们进入小学后能够继续加油，常常回来看看我们。

老大的欢送会

沙水游戏时间

第三辑　我与自我

主题七 神奇的生命

"神奇的生命"主题由来

"生命教育"是孩子一生的课程,简单地说就是人的生死问题教育,旨在让幼儿萌发尊重生命、热爱生命和珍惜生命的情感。

我从哪里来?我是如何长大的?死亡后人会去哪里?相信每位幼儿在成长过程中都会提出这些疑问,并带着这份好奇心进入本次主题活动。以"清明节"为切入点,从生命的消失、生命的诞生和生命的守护三个方面,让幼儿探索神奇的生命,获得有关生命成长的知识经验。

爱在混龄

主题网络图

神奇的生命

生命的消失
- 语言 清明节的由来
- 实践 缅怀先烈
- 综合 奶奶的皱纹
- 语言 爷爷变成了幽灵
- 综合 寻梦环游记

生命的诞生
- 语言 小威向前冲
- 科学 胎动的秘密
- 综合 体验妈妈的一天

生命的守护
- 科学 动物的一生
- 语言 植物的四季
- 综合 人的成长历程

活动一：清明节的由来

组织形式：

集体混龄

活动目标：

1. 老大理解古诗内容，想象诗中描写的清明节景象。
2. 老二、老三初步了解清明节的由来和习俗。
3. 感受诗词的韵律美、节奏美。

活动准备：

清明节课件、古诗《清明》

活动过程：

一、谈话导入，了解清明节的习俗

提问老二、老三：你们知道今天是什么节日吗？为什么会有清明节呢？你知道有哪些习俗吗？（幼儿自由讨论，并能简单地讲述）

播放视频，引导幼儿了解清明节的由来和习俗，如：踏青、扫墓、吃清明粿等。

二、观看视频，感受《清明》古诗意境

1. 师：古时候，有一位叫杜牧的诗人，在清明时节写了一首诗《清明》，让我们一起来听听吧！
2. 教师出示场景图片导入，根据古诗讲述"清明"的故事。

提问老二、老三：在图片中，你看到了什么？他们在干吗？天气怎么样？

提问老大：行人为什么会悲伤？诗中有谁和谁对话？问了些什么？

活动记录与对话：

孟谦（老三）：我看到了一位小朋友和一位老人。

响响（老二）：在下雨，老人披了一件蓑衣。

3. 教师小结：视频中的老人是行人，小孩就是牧童，这首诗描写的是行人向牧童问路的情节。（幼儿自由讨论）

三、教师朗诵，幼儿欣赏

1. 教师有节奏地朗诵一遍。师：你们听出来诗歌和平时说话有什么区别吗？

> 活动记录与对话：
>
> 昊霖（老大）：朗读诗歌的时候，要代入诗歌里面的感情。
>
> 多多（老大）：还要用自己最好听的声音朗诵。

2. 欣赏第二遍，重点引导老大学习，老二、老三跟随朗诵。

四、活动小结

师：古时候的人们很喜欢研读古诗，小朋友们可以多了解和学习哦！

附：

清明时节雨纷纷，

路上行人欲断魂。

借问酒家何处有，

牧童遥指杏花村。

活动反思：

清明是中国的传统节日之一，在这一天人们会祭奠逝去的亲人。除此之外，还有许多清明的习俗，如：踏青、扫墓、吃清明粿等。

老二、老三重点学习了清明节的由来和习俗，深入感受中国传统文化。老大了解古诗词的含义，知道朗诵古诗和平时说话的不同之处。通过本次活动，将清明节的美好融入他们心中，形成一份珍贵的文化记忆。

活动二：缅怀先烈

组织形式：

大班年龄教学

活动目标：

1. 了解清明祭扫时的文化习俗。
2. 铭记烈士们为解放民族而不惜牺牲生命的英勇事迹。
3. 表达对逝去亲人和先烈的缅怀之情。

活动准备：

小白花手工材料

活动过程：

一、谈话导入，了解扫墓的文化习俗

师：你们记得清明节有哪些习俗吗？什么是扫墓？（教师讲述烈士们解放民族的英勇事迹，感受他们的伟大）

二、制作小白花

1. 师：每年清明节前后，人们为了表达对已经去世亲人的怀念之情，会带上一些小白花到他们的墓碑前祭拜。
2. 教师出示小白花，讨论制作方法。
3. 分发材料，教师巡回指导。

三、祭扫烈士墓

1. 幼儿准备好出行物品，交代外出安全。如：步行跟随班级队伍、过马路时左右看、远离危险物品。

2. 向烈士墓献花致敬，全体默哀。

四、踏青

1. 自由欣赏列宁公园的春景，相互介绍。

2. 集中合影。

五、活动延伸

利用周末时间，跟随爸爸妈妈到户外踏青，寻找春天的足迹。

活动反思：

为缅怀革命先烈，铭记革命历史，进一步加强幼儿的感恩教育，我们组织老大步行到列宁公园"祭扫烈士陵园"。

考虑到外出的安全，这次活动只让老大报名参加，自行准备好外出的物品。面对英雄墓碑，听着园长介绍英雄们的感人事迹，老大们深受感动，热泪盈眶，献上自己亲手制作的小白花，深深感受到生命的可贵。

为烈士们献花篮

默哀

活动三：奶奶的皱纹

组织形式：

集体混龄

活动目标：

1. 老大能够说出故事中奶奶不同皱纹的故事，并尝试用线条表现出皱纹。
2. 老二、老三理解和感受每个皱纹故事里的情绪。
3. 愿意尝试用画笔大胆地表现人物的特征。

活动准备：

故事《奶奶的皱纹》PPT、绘画材料

活动过程：

一、情景导入，激发幼儿听故事的兴趣

教师播放 PPT，幼儿欣赏老奶奶的照片。

师：你们知道这是谁吗？老奶奶的脸上有什么？你们知道这些皱纹都有哪些故事呢？让我们一起去看看吧！

二、欣赏故事，了解故事中的内容

1. 提问老大：每一条皱纹都藏着什么秘密呢？
2. 提问老二：奶奶的情绪是怎么样的？你们觉得这是开心还是不开心呢？
3. 提问老三：老奶奶为什么会伤心？

幼儿相互讨论自己的故事藏在哪里。

> 活动记录与对话：
>
> 柏霖（老大）：每个皱纹里面藏着的都是回忆。
>
> 曦曦（老二）：奶奶很开心，因为她遇到了很有趣的事情。

三、绘画《奶奶的皱纹》

师：接下来，我们一起绘画奶奶的皱纹吧！（引导幼儿讨论绘画方法与工具）

1. 出示材料，提醒幼儿绘画时的注意事项。
2. 小家庭分组操作，老大负责安排分工，教师巡回指导。

四、活动小结

师：随着人们的老去，脸上就会出现许多的皱纹。你们回去也可以观察一下爷爷奶奶的脸上有没有皱纹，问问他们的皱纹里藏着什么秘密！

活动反思：

皱纹是人老去的标志之一，见证着生命的过往。绘本《奶奶的皱纹》用巧妙的手法讲述奶奶和小孙女之间讨论皱纹的故事，内容简单易懂。绘本故事让人体验生命价值的同时，还弘扬了中华民族尊老敬老的传统美德。

通过活动，幼儿了解皱纹的含义，相互讨论自己的故事会藏在哪里。但这个活动对于小老三来说有些难，后续如果要开展可以调整为中大年龄教学。

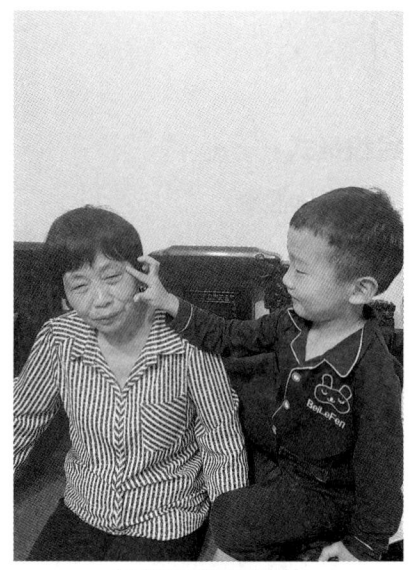

奶奶眼角的皱纹

皱纹里的故事

活动四：爷爷变成了幽灵

组织形式：

集体混龄

活动目标：

1. 老大理解绘本故事，体会故事中的感动。
2. 老二、老三知道死亡具有普遍性，是不可逆的。
3. 感受亲情的温暖和生命的珍贵。

活动准备：

绘本故事《爷爷变成了幽灵》

活动过程：

一、谈话导入，激发幼儿的兴趣

出示《爷爷变成了幽灵》绘本封面，与幼儿讨论自己与爷爷的故事，再引入主人公——艾尔本和他的爷爷。

二、连贯阅读，理解绘本

1. 欣赏封面，认识故事。

图中有两个人，一个是小朋友，一个是爷爷。

提问老三：画面中有什么奇怪的地方？（爷爷的身体穿过了墙面，说明爷爷是"幽灵"）

2. 师幼集体阅读。

（1）提问老二：有哪些事情可以证明爷爷是幽灵？

（2）提问老大：爷爷为什么变成幽灵？

> 活动记录与对话：
>
> 凡雅（老二）：爷爷可以穿墙，摸都摸不到。
>
> 棒棒（老大）：因为爷爷去世了。

（3）讨论逝去亲人的感受。

三、展开讨论，认识死亡

1. 引导幼儿讲述逝去亲人时参加葬礼的经历，讨论当时的心情。

2. 教师小结：亲人会因为很多不同的原因去世，即使亲人离去，我们依然会想念他们的。

四、活动小结

师：凡是有生命的都会逝去，生老病死是生命的规律。生命只有一次，我们要珍惜时光、珍爱生命哦！

活动反思：

谈到逝去的亲人，孩子们年纪虽小，但对其感情深厚，离别时的情境触动到他们的内心。死亡教育，不要对孩子避而不谈，要引导幼儿正确认识死亡。

绘本《爷爷变成了幽灵》让幼儿了解人死亡后会发生什么，以感受亲情的温暖。最后，提到幼儿参加葬礼的经历和感受时，老大能够回忆起当时的场景，感触很深！

活动五：寻梦环游记

组织形式：

集体混龄

活动目标：

1. 老大能够理解故事内容，直观地了解死亡的意义。
2. 老二、老三得到生命和死亡的教育，理解一些简单的剧情。
3. 感受死亡的意义，懂得保护好自己的生命。

活动准备：

电影《寻梦环游记》

活动过程：

一、谈话导入，引出课题

师：小朋友们，你们知道什么是死亡吗？它代表着什么？今天我们一起来分享一个关于死亡的电影——《寻梦环游记》。

二、完整欣赏

1. 师生讨论关于死亡的问题，带着问题去欣赏影片。

（1）提问老三：看完这部电影后，你有什么感受？开心还是难过？

（2）提问老二：米格尔在追寻音乐梦的时候，不小心进入了哪里？遇到了谁？

（3）提问老大：影片中说到不能忘记逝去的亲人，为什么？

2. 播放电影《寻梦环游记》。教师陪同幼儿一起欣赏，鼓励幼儿大胆地观看。

三、分享与讨论

1. 幼儿相互讨论。

> 活动记录与对话：
>
> 嗨嗨（老三）：会有点想哭的感觉，很难过！
>
> 俊衡（老二）：他进入了死亡之地，还遇到了逝去的亲人。
>
> 修竹（老大）：如果忘记自己逝去的亲人，他们就会从死亡之地消失。

观看电影中

2. 教师小结。

死亡并不可怕，并不是与家人的永别。死去的人会化身成为精灵，带着温情和可爱，活在另外一个世界里。有的人因为生病、有的人因为意外（车祸或自然灾害）、有人因为老去，每个人都要经历死亡，我们逃避不了。我们要学会珍惜他人和自己的生命，感受世界上的美好！

四、活动小结

关于死亡的绘本还有很多，可以和爸爸妈妈一起去查阅资料，寻找更多的绘本故事。

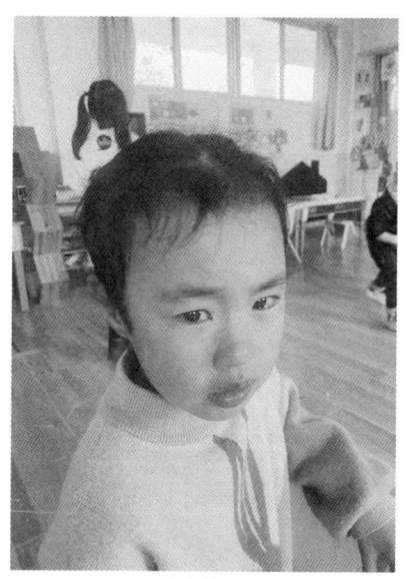

活动反思：

《寻梦环游记》是一个关于死亡且带有泪点的影片，值得一看！电影讲述的是一个鞋匠家庭出身的小男孩，为了圆音乐梦，走进死亡之地，遇到家人的灵魂，最终得到他们的祝福重返人间唱歌的故事。

老二、老三在观看影片时会感到害怕。我们鼓励他们大胆观看。老大对于故事内容比较有感触，都红了眼眶。

感人至深

活动六：小威向前冲

组织形式：

集体混龄

活动目标：

1. 老大了解宝宝是由精子和卵子结合发育而成。
2. 老二、老三感知生命的孕育过程，寻找自己和爸爸妈妈之间相似的地方。
3. 体验血脉之情，懂得珍惜生命。

活动准备：

绘本《小威向前冲》、幼儿小时候的照片（家长收集）

活动过程：

一、引出绘本《小威向前冲》

师：今天我给大家介绍一本书，书的名字叫作《小威向前冲》。小威是个怎样的小朋友呢？我们一起看看吧！

二、了解绘本故事内容

1. 教师播放绘本课件，有感情地完整讲述故事。
2. 幼儿自主讨论。

提问老二：小威住在哪里？你认为他棒不棒？

提问老大：（观察地图）小威如何胜出的？

3. 小结：原来，每个孩子都是由最厉害的精子和卵子结合的，是爸爸妈妈爱的结晶。

三、说说"我的小时候"

1. 出示幼儿小时候的家庭合影，展开讨论，说说自己和谁长得最像，哪里像。

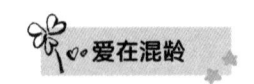

> 活动记录与对话：
>
> 霖颉（老二）：我和我的妈妈长得很像，都是单眼皮。
>
> 豆豆（老大）：我和多多妹妹，一个长得像爸爸，一个长得像妈妈。

2.教师小结：从出生的那一刻起，你们就是独一无二的。无论变成什么样子，你们都是爸爸妈妈的宝贝。

四、活动延伸

提问：小威到哪里去了？小娜又去哪了？而你们又是从哪里来的呢？

活动反思：

《小威向前冲》是一本性教育类的阅读绘本，讲述受精卵变成小宝宝的过程，以及遗传的秘密。它将复杂的生命孕育过程用简单的图画表现出来，引起幼儿的兴趣。

活动开始前，我们向家长收集幼儿小时候的照片，鼓励幼儿说说自己和以前的区别，感受成长的快乐。通过绘本欣赏，让幼儿知道每个人都有优点和缺点，无论怎样都是爸爸妈妈心中的好孩子。

宝宝在妈妈肚子里的样子　　**烨霖老大小时候**

活动七：胎动的秘密

组织形式：

集体混龄

活动目标：

1. 老大通过观察，大胆地猜想宝宝在妈妈肚子里的样子。

2. 老二、老三初步了解宝宝是从哪里来的。

3. 懂得妈妈孕育的辛苦，萌发爱妈妈的情感。

活动准备：

邀请一位6-7月的孕妇妈妈、妈妈怀孕照片（家长收集）

活动过程：

一、介绍孕妇妈妈，引起幼儿的兴趣

师：今天我们班级来了一位特殊的客人——六六妈妈，你们看看她有什么不一样的地方？（引导幼儿说出孕妈妈的体态特点）

二、胎儿的秘密

1. 孕妈妈出示体检照片（彩超），引导老大观察并讲述胎儿的样子。

活动记录与对话：

葵葵（老大）：我看到了宝宝的身体，但手和脚还没长出来。

圈圈（老大）：宝宝肚子上的是脐带吗？

---

2. 感知胎动的神奇，邀请幼儿用小手摸一摸、用耳朵听一听孕妈妈肚子里的宝宝，分享自己的感受。说一说自己的疑惑，请孕妈妈解答。

> 活动记录与对话：
>
> 小宝（老二）：宝宝在肚子里怎么上厕所？
>
> 朔朔（老大）：宝宝出生的时候就有头发吗？

3. 教师请孕妈妈讲述怀孕时的感受，让幼儿了解孕育的艰辛。

三、图片欣赏，说说自己的妈妈

1. 教师出示幼儿妈妈怀孕时的照片，幼儿观察、倾听。

2. 提出问题：你的妈妈是怎么样的？以后应当怎么爱她们？（引导幼儿大胆讲述）

3. 小结：每位妈妈在怀宝宝的时候都很不容易，今后我们要更加地爱自己的妈妈哦！

四、活动延伸

幼儿献上送给孕妈妈的礼物，表达谢意，并邀请孕妈妈生完宝宝后再来班级做客，让幼儿更加直观地感受生命的神奇。

活动反思：

幼儿对于自己从哪里来充满了好奇。上次听完《小威向前冲》故事后，他们意犹未尽！为了满足他们的好奇心，我们邀请了一位怀着宝宝的六六妈妈来到班级做客。

开始前，我们让幼儿观察和讨论彩超检查的图片。他们发现图片中有宝宝的形状，但还没有发育完全，特别好奇！老大、老二问了许多问题，孕妈妈很热情地解答他们的疑惑。老三也能够认真地倾听，感受生命的神奇。

让我摸摸肚子里的小宝宝

他会踢来踢去

活动八：体验妈妈的一天

组织形式：

集体混龄

活动目标：

1. 老大能够说出孕妈妈怀孕时的不易之处。
2. 老二、老三能够坚持完成体验任务。
3. 体会妈妈怀胎十月的辛苦，感受深深的母爱。

活动准备：

气球、孕妈妈图片

活动过程：

一、谈话导入，回忆活动

师：小朋友们，还记得前几天来班级做客的孕妈妈吗？今天我们也来体验一下孕妈妈的感受，想不想试一试呀？

二、讨论并模仿孕妈妈的体态与动作

1. 分组讨论，自由讲述。

（1）提问老大：孕妈妈可能会出现哪些不一样的行为？如：行走、坐、站时的特殊样子。

提问老二、老三：可以用什么材料来代替"小宝宝"？

2. 观看图片，请幼儿说说图片中有谁，他们在做什么？（引导幼儿说出孕妈妈挺着肚子做饭、洗衣服、打扫卫生等）

3. 幼儿模仿孕妈妈的动作。

师：每位小朋友领取一个气球放在肚子上，试试看和平时有什么区别，无论做什么事情都要带

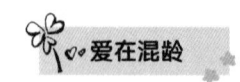

着"小宝宝"哦!

三、体验孕妈妈的一天

1. 班级照常开展一日生活,引导幼儿要爱护好自己的"小宝宝"。

2. 教师拍照留念。

3. 活动结束后,教师提问:分享一下你们今天的感受吧!你们觉得妈妈辛不辛苦?

> 活动记录与对话:
>
> 芷岩(老大):妈妈怀孕好辛苦,做事情一点都不方便。
>
> 淘淘(老大):老师,我刚刚差点把我的"宝宝"掉地上了。

四、活动小结

师:今天我们体验了孕妈妈的一天,感受到妈妈怀宝宝的辛苦,我们要学会感恩妈妈,爱护妈妈哦!

活动反思:

每一个人都在妈妈纯洁无私的爱中长大,她们付出了很多很多。由于现在的孩子被父母宠爱和骄纵,不懂得如何尊重和理解妈妈的辛劳,借此主题我们开展了"体验妈妈的一天"的活动。

活动过程中,幼儿观察和模仿妈妈怀孕时的体态,讨论孕妈妈怀孕时的种种艰辛。希望通过本次活动,幼儿能够体会妈妈的爱,更加理解和爱护妈妈。

体验妈妈的大肚子

大肚子做家务有些困难

活动九：动物的一生

组织形式：

大班年龄教学

活动目标：

1. 了解生命周期不同的动物，能够用图符的形式记录调查结果。
2. 萌发保护生命的意识，爱护小动物。

活动准备：

经验准备：了解生命周期不同的动物

物质准备：动物图片、调查表

活动过程：

一、图片导入，激发幼儿的兴趣

师：小朋友们，早上好！今天我带来了几张动物图片，我们一起来看看都有谁吧！

二、讨论动物的生活习性

1. 幼儿出示调查表，相互讨论自己查找资料的结果。

蜉蝣：主要分布于热带至温带的广大地区，有些游泳和附着在水草上，有些爬行在水底淤泥中，有些在河岸黏土中生活。寿命多为一两天，被称为世界上寿命最短的动物。

蝴蝶：白天烈日下很少活动，夜间喜欢单独栖息，如在树皮、树叶、岩石下，存活时间长的可达1年。

乌龟：属于两栖动物，大部分时间都待在水中，如在湖泊、池塘等，平均寿命为30-40岁。

猩猩：喜欢集群生活，栖息在热带雨林和湿润的稀树草原上。雄性体重通常要重于雌性，在人工饲养状态下可以活到60岁。

2. 教师小结：每种动物存活时间不一样，人的平均年龄为77岁。

三、蝴蝶的一生

1. 播放视频，幼儿观察蝴蝶生长的过程。（卵—毛毛虫—茧—蝴蝶）

> 活动记录与对话：
>
> 欣月（老大）：哇，我看到毛毛虫吐丝把自己缠在一个小房子里面。
>
> 丁（老大）：你说的那个小房子就是茧。

2. 师：除了蝴蝶以外，还有一种动物和它的生长过程一样，你们知道是谁吗？（蚕）

四、活动小结

师：人有生命，每种动物也有生命的，我们要学会保护动物哦！回家还可以调查下保护动物的方法，并记录下来分享哟！

活动反思：

生命教育包括动物的生命。老大通过爸爸妈妈的帮助，上网调查四种生命周期不同的动物，并了解其生活习性。

活动过程中，能看出来老大们的兴致特别高！我选择其中一种动物——蝴蝶，展开讲解它的一生，并牵引出蚕宝宝相似的生命周期的话题。唯一不足的是，整个活动是以图片和视频的方式呈现，如果条件允许，可以将此活动延伸至动物角，让幼儿更加直观地了解动物的生命现象。

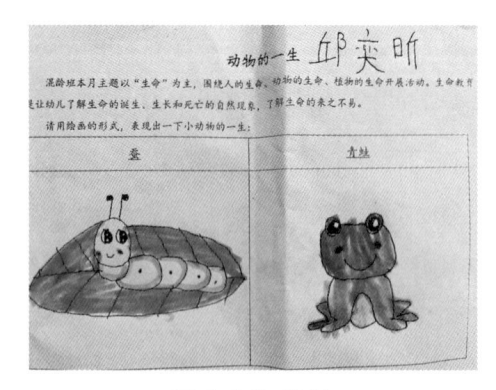

蚕宝宝和青蛙

活动十：植物的四季

组织形式：

中、大混龄

活动目标：

1. 老大知道植物的生长过程会根据四季变化。
2. 老二感受植物是有生命的，每个生命都来之不易。
3. 萌发保护生命的意识，爱护花草树木。

活动准备：

银杏四季图片、其他植物

活动过程：

一、图片导入，激发幼儿的活动兴趣

师：（出示图片）小朋友们，你们知道这是什么植物吗？（银杏）你在哪里见过？还记得它是什么颜色的吗？

二、讨论银杏四季的颜色

1. 提问老大：同样是银杏，为什么大家说的颜色有不一样的呢？
2. 观察图片，引导幼儿说出一年四季里银杏的颜色变化，自主讨论原因。

植物的生长过程：种植—发芽—生长—开花—结果—枯萎

> 活动记录与对话：
> 惜墨（老大）：我家门口就有银杏，有时候是绿色的，有时候是黄色的。

3. 讨论其他植物的生长变化，如：迎春花代表春天、荷花代表夏天、桂花代表秋天、梅花代表冬天。
4. 小结：一年有四个季节，有些植物经过了四季就会失去生命。

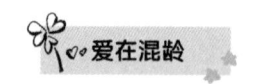

三、爱护植物的生命

1. 提问老二：你有什么好办法可以来保护植物的生命呢？

> 活动记录与对话：
>
> 晴朗（老二）：在天气干旱的时候，给植物浇浇水。
>
> 颖颖（老二）：施肥可以让植物长得更快一些。

2. 组织幼儿带上工具到户外，以每个小家庭为一组照顾植物，如：拔草、浇水、施肥等。
3. 提醒幼儿仔细观察是否有枯萎的植物，讨论如何处理。

四、活动延伸

布置家庭小任务。幼儿购买一种四季分明的植物，如：海棠花、月季花、栀子花、绣球花等，共同创设班级植物角，进行每日观察和记录。

活动反思：

有一天户外观察时，孩子们提出问题：为什么植物隔一段时间会变颜色？看大家都特别好奇，我们才设计出本次活动，以满足孩子的探索欲望。

许多植物一年四季没有太大的变化，但银杏是四季分明的。我们以此为切入点，进一步激发幼儿的学习兴趣。人会死亡，植物也会枯萎，活动中我们还涉及了植物枯萎后的处理方法，使得整个活动完整顺畅。

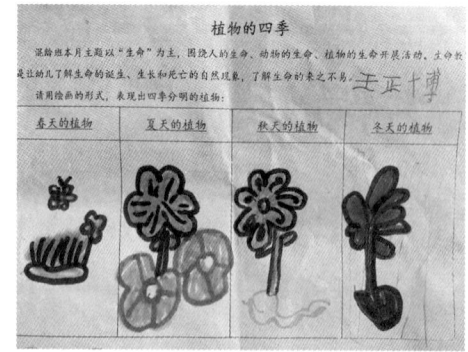

四季的植物

活动十一：人的成长历程

组织形式：

集体混龄

活动目标：

1. 老大认识自然事物的变化是有规律的。

2. 老二、老三能够表述每个年龄段人的外貌变化。

3. 懂得珍爱生命，感受健康生活的重要性。

活动准备：

生命周期视频

活动过程：

一、谈话导入，激发幼儿的兴趣

师：小朋友们，我们前几天了解了动植物的生命周期，可是你们知道吗，人也有自己的生命周期哦！

二、讨论各年龄外貌特征

1. 师：你们知道人的生命周期是什么样的吗？（幼儿分组讨论）

2. 小结：人可以按年龄划分不同的阶段，比如：婴儿期、儿童期、少年期、青年期、中年期、老年期等。

3. 提问老二：小朋友们现在处于什么时期？爸爸妈妈现处于什么时期？

活动记录与对话：

曦曦（老二）：我们现在处于儿童期，还是小孩子。

怀仁（老二）：爸爸妈妈应该处于青年期，因为他们还很年轻。

2.幼儿观看视频，了解和比较人各个阶段的外貌特征。

出示图一：宝宝出生后慢慢长大，在幼儿园里学会了什么？（学会画画、搭积木）

出示图二：进入小学，在老师的指导下学习哪些知识？（语文、数学）

出示图三：随着时间的变化，脸上会出现很多的皱纹，代表什么？（衰老、死去）

活动记录与对话：

朔朔（老大）：随着时间一天天过去，我们会越长越高！

柏霖（老大）：我昨天掉牙齿了，妈妈说我又长大了一点，马上要成为小学生啦！

三、说说我的本领

1.各年龄段分组讨论，交流和表达现阶段学会的本领。

2.鼓励幼儿大胆地上台展示自己的本领，老大尝试用记录的方式体现。

四、活动小结

师：人的生命周期和动植物是一样的，都要经历出生、生长发育、繁殖、死亡四个阶段。小朋友们一定要养成良好的生活习惯，关爱生命，珍惜健康。

活动反思：

生命的诞生会给许多人带来快乐和幸福，但生命是有限的，每个时期都有着不同的外貌特征和本领。

在回答外貌特征时，有些孩子不能很准确地描述年龄特点，特别是婴儿期和儿童期。为了让他们更直观地了解年龄变化的特征，我们上网搜索了一个0-100岁成长变化的视频，进一步引发幼儿之间的讨论。

主题八 我喜欢我

"我喜欢我"主题由来

  幼儿时期是自我意识形成和发展的最初阶段。自我意识是幼儿自尊心和自信心等重要心理品质形成的基础，有助于幼儿正确地认识自我、评价自我。

  由于自我意识的初步萌发，幼儿对自我、自我与周围环境的关系充满了好奇，因此，我们希望通过本主题引导幼儿正确认识自己，并学习与他人交往的正确方法。在各种互帮互爱的活动中，建立和谐融洽的混龄氛围。同时，让幼儿了解自己的身体特征与生长变化，为自己的成长而感到自豪。

爱在混龄

主题网络图

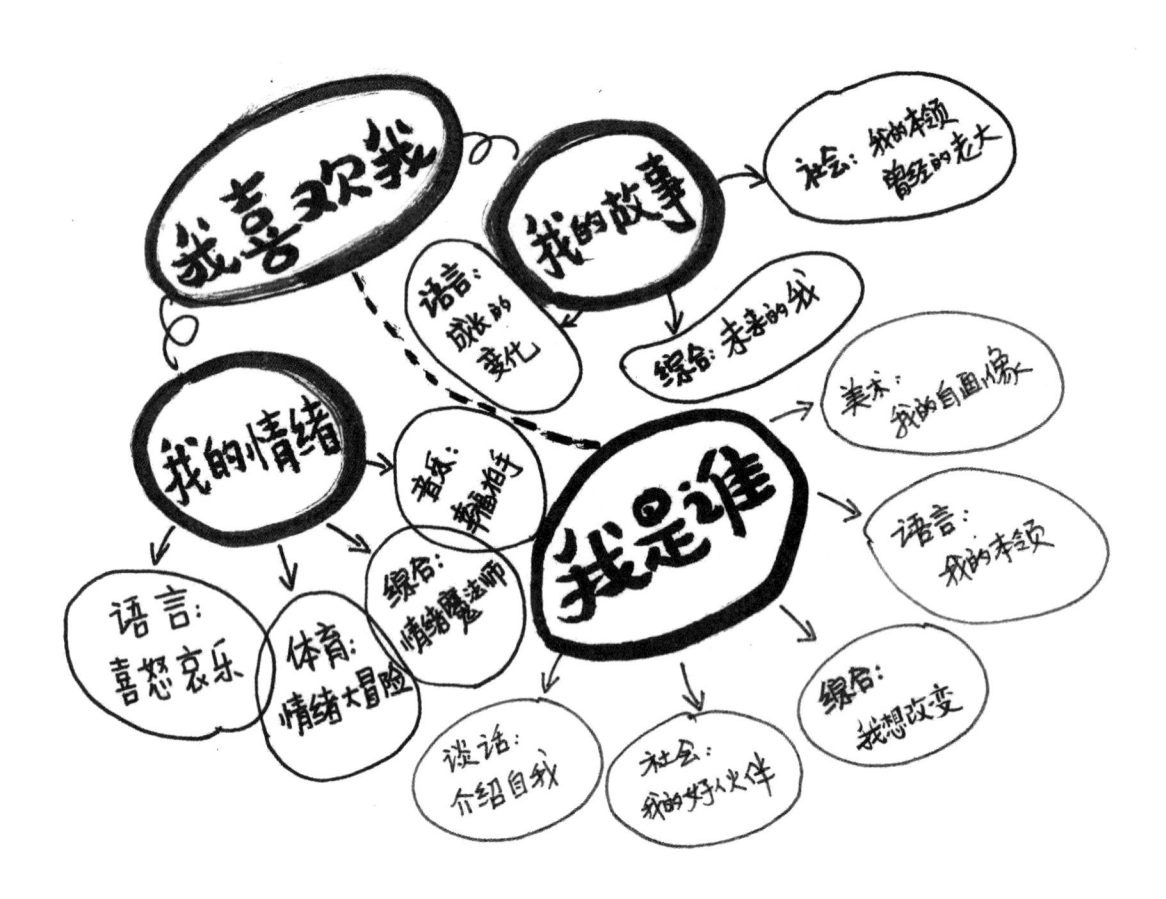

- 我喜欢我
  - 语言：成长的变化
- 我的故事
  - 社会：我的本领，曾经的老大
  - 综合：未来的我
- 我的情绪
  - 语言：喜怒哀乐
  - 体育：情绪大冒险
  - 音乐：袋鼠柏于
  - 综合：情绪魔法师
- 我是谁
  - 美术：我的自画像
  - 语言：我的本领
  - 综合：我想改变
  - 谈话：介绍自我
  - 社会：我的好伙伴

活动一：介绍自我

组织形式：

集体混龄

活动目标：

1. 老大、老二能够掌握自己的基本信息并在集体中大胆地自我介绍。
2. 老三了解男女面貌中的性别特征，尝试说出自己的姓名、性别及年龄。
3. 认识自己，学会用自己喜欢的方式制作名片。

活动准备：

男女布娃娃、名片、画笔

活动过程：

一、观察、谈话导入

教师出示男女两个布娃娃，请老大、老二说说他们的性别，并说出自己是怎么判断出来的。（引导老三认真倾听）

> 活动记录与对话：
>
> 珈企（老大）：左边的布娃娃是女生，因为她穿了小裙子。
>
> 真真（老二）：男生的头发是短短的。

二、认识自己

1. 通过观察，老三尝试说说自己的姓名、性别、年龄。
2. 老大、老二介绍自己的兴趣爱好、爸爸妈妈的联系方式及家庭住址等。
3. 小家庭相互交流有关自己的信息。

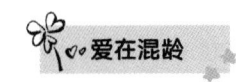

三、制作名片

1. 教师出示图片，介绍名片。

师：如何让伙伴们更快地认识你呢？（名片）

> 活动记录与对话：
>
> 思杨（老大）：名片要写上自己的名字或者电话号码。
>
> 晴朗（老二）：还可以画一个符号，代表自己。

2. 幼儿讨论，引导老大写名字，老二、老三可以用图画的形式来代表自己。

3. 提供材料，幼儿自主选材操作。

四、活动延伸

教师将名片投放至班级语言区，鼓励幼儿大胆地介绍自己。

活动反思：

本次活动的目标中凸显出小老三自我意识的发展，在哥哥姐姐的引导下，学会观察外貌特征的不同，辨别男女性别。老大、老二通过自我介绍，学会初步的人际交往技能，体验相互交流的乐趣。

在制作名片时，原定计划是老大写名字，老二、老三绘画，但发现有个别能力强的老二也可以完成，便鼓励他们尝试写名字，再进行画面的装饰。

我们是八号家庭　　　　　合张影

活动二：我的本领

组织形式：

中、大混龄

活动目标：

1. 老大完整地理解故事内容，尝试讲述喜欢自己的理由。
2. 老二知道每个人都有自己的本领，并发现自己的长处。
3. 体验赞美和被赞美的快乐，喜欢自己。

活动准备：

故事课件《我喜欢我》

活动过程：

一、谈话导入，激发兴趣

师：小朋友们，早上好！你们知道什么是本领吗？（自己最擅长的一件事）接下来，我们一起来看看这个绘本故事里，小动物们都有哪些本领？

二、故事分享，讨论交流

1. 教师讲述故事前半部分。

（1）提问老二：（出示青蛙课件）你们喜欢青蛙吗？为什么呢？

（2）提问老大：青蛙为什么哭了？它真的什么都不会吗？

2. 讲述故事后半部分。

师：山羊笑着对青蛙说："我们大家都很喜欢你呀！"山羊不仅知道自己的本领，还知道观察别人的优点，那么野鸡、小松鼠有哪些本领呢？

3. 小结：这个故事的名字叫作《我喜欢我》，每个动物都有自己的本领，小朋友们也是一样的。

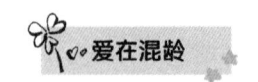

三、讲述自己的本领

1. 师：你喜欢你自己吗？想想自己有哪些本领。

2. 幼儿相互交流，老二简单说说喜欢自己的理由，老大能够清晰、完整地表述。

活动记录与对话：

棒棒（老二）：我会泡茶，大家都很喜欢我。

欣月（老大）：我喜欢我自己，因为我能绘画出许多美丽的作品。

---

3. 鼓励幼儿现场展示自己的本领，并给予鼓励和支持。

四、活动小结

师：每个人都有自己的本领，要学会赞美他人和欣赏自己哦！

活动反思：

本次活动从幼儿最熟悉的小动物出发，先了解每个小动物都有本领，获得知识经验。进一步延伸到实际生活，鼓励幼儿积极大胆地说出自己的本领。

混龄大带小教育中，能够较好地提升老大的自信心。活动中，老大能够积极踊跃地展示自我，老二仍有些胆怯。于是，我们把重心放在老二身上，在示范和引导下尝试说出自己的本领，说一说为什么喜欢自己。

说说自己的本领

我的本领是跑得快

活动三：我的好伙伴

组织形式：

集体混龄

活动目标：

1. 老大理解"伙伴"的含义，能够用清晰、完整的语句讲述与伙伴之间的故事。

2. 老二、老三懂得伙伴之间要友爱相处，互相帮助。

3. 懂得珍惜友情。

活动准备：

课件PPT、歌曲《找朋友》

活动过程：

一、出示手偶，激发幼儿的兴趣

1. 教师讲述故事，引出"伙伴"之间的话题。

师：小朋友们，快看！今天我带来了手偶玩具，一起来听听它们之间发生了什么有趣的故事？

（故事内容：猴哥哥和猴弟弟是一对好伙伴，它们每天一起上学、一起游戏，有好东西一起吃，猴哥哥搬不动小桌子，猴弟弟就会一起来抬。猴弟弟不会系鞋带，猴哥哥会帮它系鞋带。它们可真是一对好伙伴。）

2. 讨论故事内容。

提问老大、老二：猴哥哥和猴弟弟平时在一起做什么事情？

二、说说我的好伙伴

1. 引导幼儿说出自己的好伙伴，并分享有趣的事情。

师：你有好伙伴吗？平时在一起都喜欢干什么事情呢？（引导幼儿完整地讲述事件）如果好朋友遇到困难，你会怎么做？

活动记录与对话：

米果（老二）：贝贝是我的好伙伴，我们家都住在三姑，放学回家会一起玩游戏。

丁（老大）：我的伙伴如果被欺负了，我会帮助他。

2. 小结：原来跟好伙伴在一起玩耍时，自己会觉得很开心。要学会互相关心帮助，这样你的好朋友才会越来越多。

三、游戏"找朋友"

1. 教师播放歌曲《找朋友》，幼儿尝试跟唱。

2. 引导幼儿用自信大胆的声音集体完整演唱，老大尝试根据歌曲创编不同的动作。

3. 教师与幼儿共同表演，提醒幼儿交换舞伴。

四、活动总结

师：我们身边有很多的小伙伴，我们在一起分享好吃的零食、好玩的事情。我们有困难的时候，或者心情不好的时候，能够互相帮助。我们要团结和友爱。多认识一些好伙伴，也会让你的心情变得很好哟！

活动反思：

一开始我们以《猴哥哥和猴弟弟》的故事导入活动，帮助幼儿理解"伙伴"这一概念，回忆和伙伴们相处时的快乐，引导老大、老二大胆地讲述发生的趣事。

学前期幼儿的思维特点以"自我为中心"为主，习惯性从自身角度出发考虑问题或看待周围事物。混龄教育模式正好能够很好地发挥出兄弟姐妹们团结的作用，引导幼儿逐渐克服"自我为中心"的思维特点，学习与人协商、与人合作，互帮互助。

这些都是我的好伙伴

我带着弟弟妹妹出来参观幼儿园

活动四：我想改变

组织形式：

中、大混龄

活动目标：

1. 老大在总结自己优点的基础上，发现自己的缺点，正确地评价自己。
2. 老二找出自己的优点，并愿意在集体面前展示出来。
3. 知道每个人都有优缺点，赞美别人的优点，宽容别人的缺点。

活动准备：

绘本《大象的故事》、幼儿已有生活经验

活动过程：

一、故事导入，激发幼儿的兴趣

师：小朋友们，今天我带来了一个绘本故事，名字叫作《大象的故事》，让我们一起来欣赏吧！

二、理解和讨论故事内容，引导幼儿正确地认识自己

1. 提问老二：大象的烦心事有哪些呢？
2. 提问老大：后来发生了什么事情？大象帮助了谁？做了什么好事？

小结：故事中的大象特别勇敢，成功帮助自己的好伙伴。每位小朋友都要正确地认识自己的缺点哦！

三、"我想改变"

1. 师：接下来，我想邀请小朋友们说说自己的优点和缺点有哪些。

> 活动记录与对话：
>
> Eva（老三）：我的优点是喜欢吃蔬菜水果，不挑食。
>
> 墨宝（老大）：我的缺点是有些胆小，不敢自己睡一个房间。

2. 鼓励幼儿自信大胆地回答，并做好正面引导。

3. 幼儿相互讨论：如何将自己的缺点变小，优点变大？

> 活动记录与对话：
>
> 俊衡（老大）：优点要大胆地表现出来，不要害羞。
>
> 可可（老大）：有缺点的话要学会改变，把它变得越来越小。

四、活动总结

师：每个人都有优点和缺点，有缺点不代表不好，就像故事中大象一开始对自己的不认可，不够自信，后来改变了自己，发现自己也很勇敢，所以我们要继续保持我们的优点，同时也可以通过努力去改变缺点，把自己变得越来越好。

活动反思：

幼儿期的儿童有正向高估的特点，对自身的优点和缺点没有清楚的概念。《幼儿园教育指导纲要（试行）》中指出："为每位幼儿提供表现自己长处和获得成功的机会，增强其自尊心和自信心。"

活动中老大、老二能够积极地说出自己的优点，但提到缺点时幼儿会选择避而不谈。建议之后开展这类的活动时，融入日常生活中，给幼儿提供一个放松的环境，使其能够大胆地讲述。

活动五：我的自画像

组织形式：

集体混龄

活动目标：

1. 老大、老二了解自画像的含义，尝试用变形、装饰的手法夸张地表现人物特征。
2. 老三能够用添画的方式表现出人物的五官大致特征。
3. 体验自创绘画的乐趣，在绘画中获得自我认识。

活动准备：

绘画材料、毕加索《朵拉·玛尔》肖像图片

活动过程：

一、谈话导入，欣赏名师作品

1. 幼儿结合已有经验，谈谈对自画像的认识。

提问老大：什么是自画像？你在哪里看到过？

2. 出示毕加索《朵拉·玛尔》肖像图片，幼儿初步感受作品夸张、变形的表现风格。重点引导老大、老二观察，并说出自己的感受。

> 活动记录与对话：
>
> 浩博（老大）：这幅画好奇怪，为什么五官都是歪歪扭扭的？
>
> 响响（老三）：看上去有点可怕。

小结：在毕加索的画中他对人物的面貌进行了夸张和变形，看起来很奇妙，这也是一种表现形式，我们也可以尝试用这种形式对自己的面貌进行表达。

二、观察和说出自己的五官

1. 幼儿领取小镜子，照照自己的脸。

师：说说你长什么样？你的脸、眼睛、鼻子、嘴巴或者发型，都有什么特点呢？

> 活动记录与对话：
>
> 楷雅（老大）：我的眼睛大大的，是双眼皮。
>
> 真真（老二）：我有黑黑的长头发。

2. 通过交流，让幼儿更加明晰每个人的五官都有着不同的特点，进一步加深对自画像的理解和表现。

三、创作自画像

1. 教师出示绘画材料，幼儿自主选材。
2. 鼓励老大、老二用夸张、变形的手法为自己画一幅肖像，凸显脸上最特别的地方。
3. 指导老三用添画的方式，绘画出大致的五官特征。

四、作品赏析

1. 集中幼儿，展示幼儿的作品。
2. 引导幼儿说说自己最喜欢谁的作品？为什么？

五、活动延伸

查阅资料，了解更多名师的著作。

活动反思：

"自画像"的含义对于老大、老二们来说并不陌生，但毕加索这幅著作《朵拉·玛尔》的肖像让他们眼前一亮，纷纷好奇这幅画的奇妙之处。

班级幼儿的绘画风格一直比较保守，对于人物五官的描绘形成了一种比较固定的表现方式。在这次绘画活动中，大大地提升他们的创新能力，突出画面的夸张设计，突破自己的思维。小老三通过观察，能够大致画出五官的特征，认识到每个人的五官都有不同的特征。

活动六：喜怒哀乐

组织形式：

中、小混龄

活动目标：

1. 老二了解表情对应的心情和感受，大胆地讲述。

2. 老三能够认识喜、怒、哀、乐等表情的基本特征。

3. 欣赏不同表情的艺术作品，提高对不同情感的体验和解读能力。

活动准备：

PPT 课件、表情图片、艺术作品图片

活动过程：

一、表情导入，激发兴趣

师：大家知道这是什么表情吗？（笑脸）它代表了什么心情？今天带领大家一起去认识我们拥有的各种各样的表情。

二、感知和体验不同表情

1. 幼儿之间相互讨论，并大胆地向同伴展示出来。

提问老三：我们生活中常见的表情有哪几种，分别叫什么名字？

> 活动记录与对话：
>
> 满意（老三）：有开心、难过，还有生气。

2. 表达表情背后的心情和感受。

提问老二：在什么情况下我们才会有这些表情呢？分别有什么样的感受？

爱在混龄

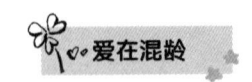

活动记录与对话：

麦子（老二）：爸爸妈妈给我买玩具，我会很开心！

颖颖（老二）：我受伤的时候很痛，我会变得很难过！

小结：大家都知道我们有很多的表情，常见的有喜、怒、哀、乐！而且每个表情，都和我们生活的经历有关系。

三、今日心情调查表

1. 幼儿填今日心情调查表。

引导老二用绘画的方式进行表达，老三用心情卡片进行表达。

2. 幼儿分享交流，教师引导幼儿明白好心情和坏心情都可以进行表达与分享。

四、活动延伸

回家调查爸爸、妈妈或家人的心情，并记录下来。

活动反思：

幼儿很难将表情、心情、情绪进行区分和理解，表情是一种外在的表现形式，心情主要是内在的感受，情绪更有侧重外在的感知。

另外，层次感也不够强。因此，对本次活动的年龄目标和内容进行了调整，只将表情和心情进行对应。为了引导幼儿进一步感知情绪，老师们设计了今日心情调查表环节。老二运用绘画形式进行表达，老三用符号来代表心情。

喜怒哀乐

我来做个开心的表情

活动七：情绪魔法师

组织形式：

中、大混龄

活动目标：

1. 老大能够理解他人产生不良情绪的原因，尝试用各种合理的方法排解。
2. 老二认识情绪的多样性，初步学会调控自己的情绪，向他人表达。
3. 体验积极情绪，明白良好的情绪使人健康。

活动准备：

魔术道具、故事PPT

活动过程：

一、话题导入

提问老二：你们平时都有哪些情绪呢？

> 活动记录与对话：
>
> 以默（老二）：情绪有喜、怒、哀、乐。
>
> 楠楠（老二）：跟妹妹在一起玩的时候，我很开心！

二、理解绘本故事，了解情绪和探索管理情绪的办法

1. 绘本分享《跳跳羊》，幼儿交流讨论。

（1）讲述第一部分内容。

提问老二：小羊第一次被人剪掉羊毛的时候，它的心情是怎么样的？第二次呢？

（2）讲述第二部分内容。

提问老大：聪明的兔子用什么魔法帮助了它？如果是你，你会用什么好办法？

小结：同伴之间有坏情绪的时候可以相互帮助，不嘲笑不指责！

2. 探索遇到不良情绪的解决办法。

提问老大：遇到不良情绪的时候，你会用什么办法解决？

> 活动记录与对话：
>
> 淘淘（老大）：生气的时候，我喜欢自己一个人去玩玩具。

小结：你们每个人都有应对情绪的办法。良好的情绪有益于身体健康，我们要学会用各种各样的方法调节自己的情绪，保持愉快的心情。

三、表演：我是小小情绪魔法师

1. 魔术表演，激发幼儿的兴趣。

师：小朋友们，你们有看过魔术表演吗？今天我要给大家带来一个神奇的魔术。看一看这个魔术会怎样帮助我们更好地管理自己的情绪！（引导幼儿认真观看）

2. 情景导入，幼儿扮演。

四、活动总结

师：小朋友们，今天我们学会了一项本领——变魔术，可以将他人身上的坏情绪变不见，真的太棒啦！

附：

故事内容：在草原的高岗上居住着一只可爱的小羊羔。这只小羊可不一般，长着一身闪闪发光、令人羡慕的羊毛。而且，高兴的时候他还会突然来上一段欢快的舞步。但是有一天，他那身引以为傲、充满光泽的外套却不见了。一只聪明的兔子，带上羊角伪装成"秃羊"，决心好好开导这只沮丧的小羊羔，帮助他走出生活的困境。

活动反思：

在日常生活中，幼儿经常会出现生气的情绪，不能够及时地自我调节。经过"情绪"小主题的开展，混龄小伙伴们之间出现许多有趣的对话，相互交流自己的情绪。

本次活动引导幼儿自主讨论情绪，并尝试选择合适的宣泄坏情绪的方式。学会在集体中安定情绪，愿意用多种方法调节情绪，保持愉快的心情。

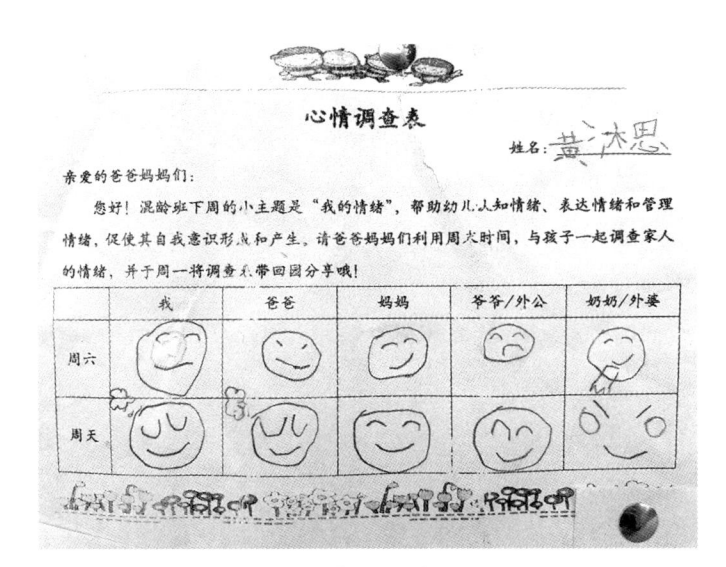

我的心情调查表

我们的情绪公约

活动八：情绪大冒险

组织形式：

集体混龄

活动目标：

1. 老大巩固肩上挥臂投准的动作，加强上肢力量。

2. 老二、老三学会侧身挥动手臂从肩上投准目标。

3. 体验体育活动带来的成功和快乐。

活动准备：

沙包若干、黑板、两张病毒小怪兽图片、长凳、钻圈、勇士奖章

活动过程：

一、开始部分，激发兴趣

师：小小勇士，今天我们有一项很重要的任务，在接受任务之前，让我们先来活动活动身体，准备好了吗？（热身运动）

二、基本部分，动作练习

1. 出示沙包，师幼讨论击中目标的方法，请个别幼儿示范。

活动记录与对话：

教师：如何打败情绪小怪兽呢？

芷岩（老大）：用投掷的方法，侧身瞄准情绪小怪兽。

浩博（老二）：要把炸弹用力地扔向病毒小怪兽，这样才能打倒它。

---

2. 分开练习：老大练习肩上挥臂动作、老二练习走平衡木、老三练习钻山洞。

师：小勇士们，今天我们的任务是打败情绪小怪兽，你们看，病毒小怪兽就在前方。这是我给

你们准备的炸弹，你能击中它吗？

三、游戏部分，加强动作发展

1. 游戏"打败情绪小怪兽"。

以接力的方式比赛，老三带上"炸弹"钻过山洞，老二走过独木桥，老大用炸弹击中病毒小怪兽，击中为胜。

2. 颁发勇士奖章，能完成游戏任务的幼儿都可以得到勇士奖章奖励。

四、活动结束

师：恭喜各位勇士挑战成功，现在一起来放松放松，休息下喝点水吧！

活动反思：

本周小主题是关于情绪的，以此融合到体育游戏中，使幼儿对本次活动产生浓厚的兴趣。本次活动富有情景性、游戏性，引导幼儿尝试用运动的方式发泄自己的不良情绪。

根据各年龄段分为钻、平衡和投掷三个难度目标，以接力赛的方式开展。自主练习时，我们原定是分年龄段练习，但发现孩子们对其他器械都很感兴趣。于是，我们临时调整为自主选材，同一个器械根据各年龄段的目标有不同的玩法。

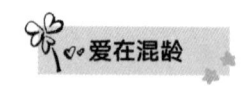

活动九：幸福拍手歌

组织形式：

集体混龄

活动目标：

1. 老大掌握弱拍起唱的方法，自主创编歌词和动作。

2. 老二、老三能根据歌曲的节奏，做出相应的动作和表情。

3. 体验歌曲活泼欢快的情绪，感知音乐的艺术美。

活动准备：

歌曲《幸福拍手歌》

活动过程：

一、谈话导入，激发幼儿的兴趣

师：小朋友们，你们今天开心吗？在开心的时候你会做什么动作呢？（引导幼儿大胆讲述，代入歌词）

二、跟随教师学唱歌曲《幸福拍手歌》

1. 倾听教师演唱歌曲，引导幼儿感受歌曲的旋律和节奏。

提问老大：听一听，这首歌曲给你什么样的感觉？

活动记录与对话：

闻子（老大）：节奏比较欢快，我很喜欢！

念念（老三）：听起来会让人变得很开心！

---

2. 教师再次演唱歌曲，用敲击小铃的方法引导幼儿在每句句末拍手两次。

3. 幼儿自主练习，教师指导和帮助。

三、创编歌曲《幸福拍手歌》

1. 引导老大创编其他的歌词，并掌握弱拍起唱的方法。

师：接下来，我们变成小小作曲家，试试看哪些歌词和动作可以改变？（例如：如果感到……就……）

> 活动记录与对话：
>
> 俊翊（老大）：如果感觉幸福，你就拍拍肩。
>
> 恩琪（老大）：如果感觉开心，你就握握手。

2. 老二、老三尝试用自己喜欢的动作，合作完成创编。

师：开心的时候除了拍拍手、跺跺脚以外，还可以有哪些动作呢？

四、歌唱和表演歌曲《幸福拍手歌》

1. 第一次：老大尝试跟随教师一起演唱，老二、老三认真倾听。

2. 第二次：老二、老三跟随老大轻声歌唱，引导幼儿带上欢快的情绪。

3. 第三次：幼儿集体演唱和游走表演。

五、活动小结

师：小朋友们，今天的歌曲都学会了吗？玩得开心吗？我们要学会保持好情绪，赶走坏情绪哦！

活动反思：

《幸福拍手歌》是一首脍炙人口的儿童歌曲，节奏欢快活泼，再加上肢体语言的表演，更加引起幼儿的兴趣。

活动中，老大能够较好地掌握弱拍起唱，个别老二、老三在做表情和动作时不够大方。于是，我们调整为小家庭游戏，自主创编出三个人都能完成的动作，由老大多引导老二、老三，使得活动变得更加有趣。

爱在混龄

附歌词：

如果感到幸福你就拍拍手，如果感到幸福你就拍拍手，

如果感到幸福你就快快拍拍手呀！如果感到幸福你就拍拍手。

如果感到幸福你就跺跺脚，如果感到幸福你就跺跺脚，

如果感到幸福你就快快跺跺脚呀！如果感到幸福你就跺跺脚。

活动十：成长的变化

组织形式：

大班教学

活动目标：

1. 幼儿感受成长中身体的变化，回忆自己成长过程中的故事。
2. 能够对自身发展变化产生兴趣，体验逐渐长大的愉悦和自豪。

活动准备：

小时候的照片、视频、绘本《长大这件事》、对自己变化的了解

活动过程：

一、话题导入，激发幼儿的活动兴趣

师：老大们，你们今年几岁了呀？你们知道刚出生的婴儿是几岁吗？（引导幼儿积极回答问题）

二、绘本分享《长大这件事》

1. 出示绘本封面，与幼儿讨论故事内容。
2. 播放轻音乐，教师完整地讲述故事内容，提醒幼儿认真倾听。
3. 幼儿尝试说出故事中的主人公在小时候长什么样子，发生了哪些事情。

三、观看图片视频，了解自己成长中的变化

1. 教师出示幼儿小时候的照片和视频，启发幼儿谈谈自己成长过程中有趣的事情，尝试按照"0岁到现在"的顺序讲述。

活动记录与对话：

嘉懿（老大）：2岁的时候，我的妹妹葵葵出生了。

修竹（老大）：我4岁上幼儿园，认识了许多的小伙伴。

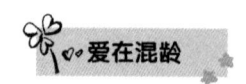

2. 幼儿分组交流，与同伴相互分享。

3. 师幼共同归纳总结成长的变化。

四、活动总结

师：今天你们每个人都分享了自己在成长中遇到的有趣和难忘的事情，让小伙伴们感受到自己的变化。你喜欢这样的变化吗？你希望自己将来变成什么样子？回家可以和爸爸妈妈分享并讨论。

活动反思：

在设计本次活动时，我们在犹豫组织形式是集体混龄教学还是大班年龄段教学，老大对于小时候的记忆更多，而老二、老三相对来说会有些模糊。

前一天，我们向家长收集部分老大小时候的游玩瞬间，大部分的老大能够回忆起当时的趣事，并简单地讲述和分享，进一步感受成长的快乐。活动结束后，很多家长和我们老师反馈活动趣味性很高，老大回到家后迫不及待地寻找小时候的一些照片，意犹未尽！

活动十一：曾经的老大

组织形式：

集体混龄

活动目标：

1. 老大能大胆地向大家介绍自己曾经的老大，说一说他们是怎么照顾自己的。
2. 老二、老三回忆小家庭之间发生有趣的事情，学会认真倾听。
3. 感受混龄小家庭之间的爱。

活动准备：

曾经小家庭照片

活动过程：

一、谈话导入，激发幼儿的兴趣

师：小朋友们，早上好！混龄班每一年都会送许多的老大上小学，今天让我们一起来聊一聊曾经的老大吧！

二、幼儿讨论，说一说

1. 提问老二：你的老大是谁？

> 活动记录与对话：
>
> 果果（老二）：我的老大是筱佑姐姐，我很喜欢她！

2. 提问老大：以前老大是怎么照顾我们的？如何做一名合格的老大呢？

> 活动记录与对话：
>
> 佩琪（老大）：我以前的老大是可可，每次出去玩她都会牵着我的手。

> 陈治（老大）：学会值日生工作，照顾好弟弟妹妹才能成为一名合格的老大。
>
> 老师：对呀，老大可不是那么容易当的哦！

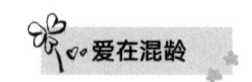

3. 引导小老三认真倾听，感受混龄小家庭之间的爱。

三、照片回忆

1. 教师播放曾经的小家庭的照片，引导幼儿大胆地向大家介绍。

2. 通过回忆，感受混龄之间相互帮助的爱。

师：混龄班的爱一直在延续，我们要学习曾经的老大照顾你的样子，尝试照顾现在自己的弟弟妹妹。

四、活动总结

师：今天我们聊到了自己曾经的老大，尽管他们已经毕业上小学了，但还是可以利用周末空闲的时间一起聚一聚哦！

活动反思：

混龄班每年迎来送往，一届一届的老大毕业，一批一批的小老三加入。自由时间常常听到孩子们提起曾经的老大，讲述和回忆那时被宠爱的故事。

活动中，孩子们的兴趣高涨！老大和老二积极举手发言，迫不及待地介绍曾经的老大。老三在这种氛围下感受混龄小家庭之间的爱。同时，我们借助此活动，鼓励和纠正个别老大对于工作不认真的状态，引导他们向曾经的老大学习。

我曾经的老大——恩琪

我曾经的老大——多多

活动十二：未来的我

组织形式：

中、大混龄

活动目标：

1. 老大能够区别职业和生活的关系，大胆表述自己的见解。

2. 老二了解生活中各种职业及工作内容。

3. 加深对各种职业形象的认知，升华对未来的憧憬。

活动准备：

各种职业图片、绘画材料

活动过程：

一、谈话导入，激发幼儿的兴趣

师：小朋友们，未来你想成为一个怎么样的人？做什么工作呢？（幼儿展开讨论，相互分享）

二、我知道的职业

1. 讨论父母的职业以及职业与日常生活的关系。

（1）提问老二：你们知道爸爸妈妈的职业是什么吗？平时需要完成什么工作？

（2）提问老大：说一说职业与日常生活的联系。

> 活动记录与对话：
>
> 俊泽（老大）：如果没有清洁工，我们的城市会变得很脏很乱！
>
> 筱佑（老大）：消防员叔叔会救火，保护我们的安全

2. 教师播放各种职业的图片，幼儿讨论其工作内容。

小结：世界上有许多的职业，每种职业都有不同的工作内容。

三、未来的职业

1.引导幼儿探讨对未来职业的选择。

师：我们了解了这么多的职业，你最喜欢哪个职业？长大以后你想成为怎么样的人？选择什么职业呢？

> 活动记录与对话：
>
> 沛权（老二）：我喜欢喝茶，长大以后要帮爸爸妈妈一起做茶。
>
> 思杨（老大）：我想成为一名老师，因为老师很伟大。

2.幼儿自由交流，教师小结。

3.教师提供绘画材料，幼儿将未来的自己画下来，与同伴相互分享。

四、活动总结

师：小朋友在慢慢长大的同时，时间也在慢慢流逝，我们一定要学会珍惜时间、珍惜家人、珍惜朋友哦！

活动反思：

虽然未来对于孩子们来说还很遥远，但他们心中都有着美好的憧憬，他们对于各种职业的认知度还是很高。老大能够将职业与日常生活相结合，体会每种职业的不易！

本次活动我们设计了讲述和绘画两个环节，发现幼儿更倾向于表述，而在绘画时没有太多的灵感。于是，我们在活动结束后布置小任务，让幼儿回家多了解各种职业角色的关键性特征，从而深入了解职业的意义。

混龄活动集锦

第一辑　混龄记事

足迹 1　混龄班开班啦

时间：2018 年 9 月 1 日

　　至上海学习回来以后，教研组成员开始紧张地筹备工作，包括班级的布置、课程的创新，以及与家长的谈话工作，招揽各个年龄段的幼儿加入混龄班等。

　　9 月，混龄班正式成立啦！丁老大和欣月老大开始承担起照顾 19 位弟弟妹妹的"重担"，除了老二、老三以外，甚至还有小老四，每天带着大包小包的奶粉和尿包来到混龄班。好在有高校老师们的耐心指导，就这样开启了大带小的混龄教学模式。

爱在混龄

足迹2 小叮嘱

时间： 2018年10月18日

经过一个月的适应期，老二、老三们已经摆脱对爸爸妈妈的依赖，融入混龄班这个大家庭。两位老大每天忙忙碌碌。多多老二和棒棒老二开始主动帮忙工作，为弟弟妹妹分餐，监督他们洗手等。

一天早晨，老三浩博刚到班级，多多姐姐连忙拉住他说："今天姐姐当值日生，你要照顾好自己哦！"浩博老三点点头表示："我可以的！"混龄教育中，尽管老大在忙，都不忘叮嘱自己的弟弟妹妹，生怕照顾不到他们。

第一辑　混龄记事

足迹3　你的老三也是我的老三

时间：2018年10月19日

今天周四，是多多姐姐的值日时间，她一大早就开始忙碌。多多问："玮玮弟弟怎么办？有人能帮我照顾他吗？"丁老大听到后，主动承担起照顾多多的小老三——玮玮，带他洗手、喝水、搬椅子、取餐……照顾完玮玮后，丁老大才开始自己的游戏时间。

在混龄教育模式下，兄弟姐妹们彼此相依，即使不是自己的小家庭成员，都能够做到相互关爱。大孩子收获了责任心、自豪感，小孩子懂得了感恩。

爱在混龄

足迹4　宝宝长大啦

时间：2018年10月21日

　　安吉拉是班级最小的宝宝。每天早晨爸爸抱着还在睡觉的她，牵着姐姐恩琪一起来上幼儿园。刚开始时，她对混龄的集体生活充满着陌生与懵懂，不知道什么是区域工作，应该怎么正确地操作。经过近两个月的学习和模仿，安吉拉能够自主取放工作材料，找到对应的材料进行操作，特别棒！

　　老三与老大、老二在一起游戏和生活，因而有机会像哥哥姐姐学习，克服入园焦虑，养成良好的常规习惯，减少教师的重复性工作。

足迹5 一对好兄弟

时间：2018年10月29日

今天一早，陈治老二还没等小米果把书包放下来，就急忙地拉住他讲悄悄话。平时在班级他们可是形影不离的，真是一对好兄弟呀！

教师：我也想听听你们的悄悄话。

陈治老二：不行，这是我跟小米果之间的秘密，你不能听。

小米果迫不及待地说：快点告诉我，我会保密的。

相处还不到两个月时间，他们兄弟俩之间的关系非常亲密，周末也会相互邀约去玩。混龄之间的爱是想象不到的，值得我们去发现！

足迹6 树立好榜样

时间：2018年11月5日

平时速度比较慢的筱佑老大，做事情需要教师的提醒。今天午睡前，我们分享了一个《慢慢王国》的故事，起床时看见筱佑麻利地穿好衣服裤子，再去帮助弟弟妹妹，速度特别快！

回到家后，妈妈反馈说："今天筱佑得到了小红心，特别开心！难怪今天在家里动作也很快，还会帮忙收拾碗筷，哈哈！"从筱佑的角度来看，应该是不希望弟弟妹妹学习她的坏毛病，要为他们树立一个好榜样！

足迹7 同步成长

时间：2018年11月7日

今天吃点心时，1号家庭的欣月老大吃完点心后说："我要坐在这里，等老二、老三吃完。"其他老大听到后也纷纷模仿欣月老大的做法。之后，老大们一起耐心地引导自己的老二、老三学习正确地漱口、擦嘴方法。

混龄班的孩子每天都在共同学习、共同生活、共同成长，小年龄孩子的需求常常被关注，除了老师以外，还有哥哥姐姐们围着他们转，特别有爱！

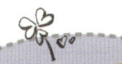

爱在混龄

足迹8　我的老三我来爱

时间： 2018年11月9日

中午吃饭时，俊衡弟弟不小心把饭撒了。筱佑老大看见后把自己的饭碗放下，主动来帮助老三整理地板上的米饭，嘴里说着："下次拿饭时要用双手拿，就不会把饭撒了，知道没？我都是双手拿的，所以饭不会撒出来，记住没？"听着一遍遍的唠叨，老三默默地说了一句："我知道了！"最后，两人一起把地板打扫干净了。

这个事件同时还发生在闻子老三和棒棒老大的身上，自家老三还得自己爱，哪怕是跟着后面收拾残局，老大也是义无反顾，这种无私的爱将会一届一届地传承下去。

足迹9 孩子眼中的世界

时间：2018年12月28日

　　这个月的混龄主题是"武夷茶"，我们组织家长和孩子们一起到户外去找茶。经过大家的激烈评选后，选择去闻子家的茶厂——天驿古茗参观。过程中，我们发现孩子都喜欢拿着爸爸妈妈的手机拍摄，老大会指挥弟弟妹妹凹造型，特别温馨！

　　回园后，为了满足孩子们的探索欲望，我们特地举办了一场"摄影展"，收集孩子们的摄影作品。从孩子们的眼中看世界，会发现他们与成人拍摄出来的照片效果完全不一样。

> 爱在混龄

足迹 10　一起坐车车

时间：2019 年 3 月 13 日

　　晨间游戏是孩子们最喜欢的活动。孩子们一大早纷纷入园参加锻炼，混龄骑行是其中一个备受欢迎的项目！多多姐姐今天带了一辆粉色的自行车，吸引了不少关注。玮玮老三也是这次活动的参与者之一。玮玮说："多多姐姐，我也想坐上去玩！"玮玮爬不上车，多多便下来一把抱起了他，叮嘱道："要抱住姐姐，不能松手哦！"于是，姐弟俩笑眯眯地出发啦！

　　最萌身高差仅限于在混龄班中出现。大孩子会自觉地帮助小孩子，把他们当作自己的亲弟弟妹妹来看待，这大大提升了孩子们的社会交往能力。

足迹 11 优秀老大

时间：2019年9月27日

  9月是忙碌的开学季，混龄班每年迎来送往，收获了许多可爱的小老三。今天中午，毕业老大——欣月发了两条微信语音给我，内容是："老师，你在干什么呀？我是小学生了，语文第一单元是99分，因为一个'日'字写错，所以扣了1分。小学好好玩，有广播体操、美术课和音乐课，特别有趣！"

  听到消息后的老二、老三跑过来，想和欣月老大说说话。看到从混龄班毕业离开的孩子，不由得伤感起来！虽然离开，但总有人惦记着！

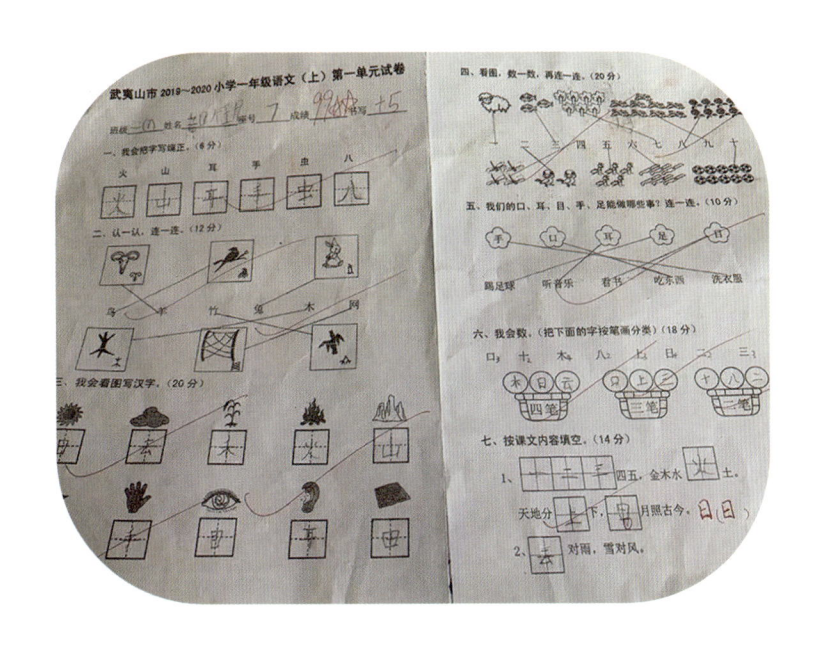

爱在混龄

足迹 12　哥哥姐姐的帮助

时间：2020 年 9 月 3 日

　　初次加入混龄班的五号家庭老大芷岩，需要照顾老二浩博和小老三圈宝，她丝毫没有退缩！圈宝刚入园，难免出现分离焦虑，芷岩老大每天早早地入园在班级等他，帮助圈宝换室内鞋、整理书包柜、喂饭、换尿裤等。久而久之，圈宝养成了一个习惯："老大去哪我去哪！"

　　午餐时，圈宝看到桌子上的西红柿汤，问道："里面白白的是什么？"浩博老二默默地说了一句："是鸡蛋，小朋友要多吃鸡蛋有营养！"安慰完圈宝后，浩博下一秒就对我说："老师，我不想吃鸡蛋。"哈哈！自己挑食还劝小老三，孩子就是孩子，知道道理自己却做不到。

足迹 13　捧在手心里的小老三

时间：2020 年 9 月 24 日

小楠楠是今年刚入园的小老三，每天都能听到她奶声奶气的一句"早上好"。她好幸福，拥有两个老大，成了大家捧在手心里的小公主！她最喜欢粘着恺恺老大，走到哪跟到哪。家长都感叹，有老大真好！

有一次组织活动时，楠楠自己坐在鞋柜上，很不开心的样子！我刚准备起身去询问，就看到墨宝老大蹲在那，轻声细语地问："楠楠，你怎么啦？"不一会儿，看到她们俩手牵手回到椅子上。同伴之间的安慰真的很管用。

爱在混龄

足迹 14 吾家老二初养成

时间： 2021 年 4 月 6 日

　　葵葵，一位特别能干的老二。餐后收拾卫生时，看到她一直跟在闻子老大后面，想帮忙一起做值日生工作，得到同意后可开心了！

　　老师："葵葵，你先看闻子哥哥怎么晒桌布，那里很高你可能够不到。"

　　闻子："桌布要横着拿，要不然水会滴下来哦！"（我们平时提醒值日生的话。）

　　葵葵："老师，你看我可以的！"

　　在混龄教育模式下，老师的工作会特别轻松。老大帮助解决弟弟妹妹遇到的问题，带着他们一起完成班级工作，兄弟姐妹之间互帮互助。孩子成为班级的主人。我们培养出了"勤快"的孩子！

足迹 15　初见之喜

时间：2021 年 9 月 7 日

　　怀仁是新学期刚进入混龄班的老三，第一天的状态还不错，认识了老师和伙伴。估计是新鲜感过了，后来有些哭闹。

　　一天上午，怀仁老三和园哥"大战三百回合"。园哥扮演警察叔叔的角色转移了他的注意力，接着和他聊到汽车、玩具等。怀仁玩得累了就睡着了……中午吃饭时，葵葵姐姐问："我的老三呢？""在床上睡觉，要不要留一份饭给他吃呀？"俊衡老大贴心地说。

　　混龄教育的魅力在于生活中的小温暖，即使才相处一周不到的时间，老大、老二心里总是惦记着弟弟妹妹。爱在心中萌芽，责任在肩上承担！

爱在混龄

足迹 16　乐于分享

时间：2021 年 12 月 27 日

　　有一次，我在网上看到一种叠衣服的小妙招，迫不及待地想分享给孩子们。隔天我在组织大家学习的时候，真真老三因为迟到没来得及学习。小米老大还没等真真放下书包，就拉着她到桌子旁边说："真真，老大来教你一种叠衣服的小妙招。首先，把衣服摆平，左右手对对碰，袖子拿起折两下，从下往上折一半，变出一张大嘴巴，嗷呜一口吞进去。"

　　在老大的引导下，真真认真地学习，感受到老大对她的爱与关心，减少孩子入园焦虑的现象。这就是混龄的魅力所在！

足迹 17　爱的抱抱

时间：2022 年 1 月 8 日

　　从陌生到熟悉、从牵手到拥抱……新组建的七号家庭——楷雅老大、昊霖老二、小老三 Eva 开启混龄之旅啦！一天，孩子们刚吃完点心，一转头看到 Eva 坐在老大的腿上，原来是 Eva 想妈妈了。简单安慰过后，老大楷雅便抱起了她。我掏出手机记录下这一刻。过了一会，楷雅走过来问："老师，你笑啥？"我说："有你这老大，Eva 真幸运呀！"

　　混龄小家庭的教育模式，既萌生大孩子心中的责任感，提升其自信心，同时能让小孩子感受到同伴之间的疼爱，从而爱上幼儿园！

爱在混龄

足迹18　伞下的爱

时间：2022年3月22日

最近雨季比较频繁，在傍晚离园前突发暴雨。由于疫情家长不能入园，孩子们开始动脑筋思考解决办法。

小米老大："我有带伞，可以撑下2位小朋友。"

珈企："我也可以，挤一挤没关系的！"

在大家的帮助下，所有孩子都顺利、安全地牵到爸爸妈妈的手。相机记录下一幕幕有爱的瞬间：老大"罩"老二，老二护老三。雨伞下，混龄班孩子们的爱意满满，如春暖花开！

足迹 19　坚实的后盾

时间：2022 年 4 月 19 日

又是一年毕业季，老大开始忙碌地拍摄毕业照。今早老二、老三在晨间运动时，问道："老大呢？他们怎么还不回来？是不是今天就毕业了？是不是不回来了……"一串串的问题中夹杂着弟弟妹妹的不舍与难过！

于是，怀仁老三作为弟弟妹妹代表给老大送水壶、送点心。以前一直都是老大在辛苦付出，现在该轮到弟弟妹妹照顾老大啦！尽管每年夏天迎来送往，但混龄班老二、老三永远都是老大最美好的回忆，也是最坚实的后盾。

爱在混龄

足迹20 成长的滋味

时间： 2022 年 4 月 29 日

恰逢今日园里召开幼小衔接家长会，回想起当初开班第一年的老三、老四，转眼他们就要长大进入小学了，借此机会和他们聊一聊：你们想长大吗？

博博：很想，长大了我可以保护大家。

小花生：可以当警察和消防员。

珈企：我不想长大，不想爸爸妈妈变老。

小宝：长大会很忙，没时间休息。

成长很甜，像棒棒糖那么甜；成长很酸，像梅子那么酸……成长的过程中，我们一定会尝到各种各样的滋味。我们欣喜、我们迎接，不担心、不害怕！

足迹 21　无处不在的爱

时间：2022 年 6 月 6 日

混龄班老二受邀参加武夷学院哥哥姐姐们的美术教研活动——树叶喷画。每位老二的小脑袋里都藏着许多不同的故事！

实习姐姐：你们觉得树叶可以变成什么？

柏霖老二：我想用树叶变成一艘船。

珈企老二：最大片的树叶代表老大，中等的树叶代表我，最小的树叶代表小老三颖颖，嘿嘿……

无论何时、何地他们都能够记住自己的混龄小家庭，认识不久却又很亲密的兄弟姐妹们！

爱在混龄

足迹 22　爱的传递

时间：2022 年 9 月 5 日

　　秋风温柔，转眼迎来 9 月开学季！今年混龄班又收获了许多可爱的小老三，一早还担心他们刚入园会哭闹，结果是我们想多了，哈哈！

　　新晋升的老大们在照顾小老三的工作上特别认真，学习往届老大的样子，扛起了班级的"重任"，耐心地指导他们搬椅子、漱口、擦嘴等生活常规。多多老大自己还没吃完午饭，就忙着喂小老三多吃几口，满眼宠溺！混龄小家庭之间的爱一直在延续……

第二辑　混龄之家

19-20 届混龄家庭

淘淘老三、花生老二、可可老大

贝贝老二、米果老二、小雨老大、乔熙老三

陈治老二、筱佑老大、俊衡老三

默默老三、修竹老二、俊翊老大

爱在混龄

宇博老大、承绪老二、曦文老三

惜墨老二、恩琪老大、安吉拉老三

玮玮老三、多多老大、浩博老二

20-21 届混龄家庭

多多老三、贝贝老大、玮玮老二

花生老二、佩琪老大、屹宸老三

坤坤老二、楠楠老三、恺恺老大

霖颉老三、闻子老大、安吉拉老二

爱在混龄

棨延老三、陈治老大、萌萌老二

圈圈老三、芷岩老大、浩博老二

烁霖老三、米果老大、俊衡老二

朔朔老三、逗逗老大、小米老二

第二辑 混龄之家

淘淘老二、可可老大、珈企老三

惜墨老二、修竹老大、思杨老三

以默老二、筱佑老大、果果老三

爱在混龄

21-22 届混龄家庭

多多老二、玮玮老大、响响老三

昊霖老二、楷雅老大、Eva 老三

珈企老二、颖颖老三、淘淘老大

葵葵老二、俊衡老大、怀仁老三

第二辑　混龄之家

满意老三、萌萌老大、柏霖老二

晴朗老三、烁霖老大、霖颉老二

升升老三、楠楠老二、花生老大、果果老二

朔朔老二、真真老三、小米老大、圈圈老二

爱在混龄

思杨老二、惜墨老大、麦子老三

曦曦老三、浩博老大、安吉拉老大

第二辑　混龄之家

22-23 届混龄班大合影

第三辑　混龄亲子活动

活动一：森林运动会

（武夷学院附属幼儿园 2019—2020 学年上学期）

活动时间：

2019 年 11 月 28 日上午 10：00—11：30

活动地点：

武夷学院附属幼儿园操场

活动人员：

混龄班全体幼儿、家长、各年龄组教师

活动目标：

1. 增强团队合作能力，体现团结协作的竞赛风格。

2. 增强集体荣誉感，锻炼克服困难的意志，体验运动的乐趣。

活动准备：

话筒、音响、音乐、场地布置、椅子、比赛材料

活动过程：

一、主持人拉开序幕（10：00-10：05）

二、各项目比赛正式开始（10：05-11：10）

    1. 亲子游戏：贴五官

    2. 亲子游戏：抬小猪

    3. 亲子游戏：抢椅子

    4. 混龄游戏：混龄三项

    5. 家长游戏：蒙面拔河

三、放松活动（11：10-11：20）

四、颁奖环节（11：20-11：30）

为幼儿颁发奖牌及礼物

五、活动小结

感谢各位家长的参与，陪伴孩子度过一个愉快的上午。

排队入场

贴五官

混龄三项

大合影

活动二：亲近自然，爱上秋天

（2019-2020学年上学期）

活动时间：

2019年10月31日上午9：00—11：00

活动地点：

幼儿园后山泥区

参加人员：

混龄班幼儿、家长、教师、学院混龄教研组教师

活动目标：

1. 通过亲子泥塑活动，增强混龄家庭成员之间的交流能力，使其乐意与他人交往。

2. 在户外学会保护自己，听从指令完成任务。

3. 阅读秋天绘本，感受秋天的变化与特点。

活动准备：

签到表、音响话筒、家长准备茶席、食品、野餐垫、有关秋天的绘本以及玩泥需要准备的物品

活动过程：

一、活动准备（9：00-9：10）

1. 家长们到班级签到。

2. 集合交代本次活动的细节后，再一起布置场地，将野餐垫铺在后山的位置。

二、泥塑主题（9：30-10：30）

1. 讲解本次泥塑活动的主题——"秋天的茶席"，如茶壶、茶杯、茶道组等，都需要用泥完成，可以在网上搜索一些方法。

2.制作过程中需要孩子和家长们共同完成，以家庭为单位，共同制作出一套精致的秋天茶席。（可用到自然物）

3.在休息期间可以到野餐垫上品尝美食，阅读有关于秋天的绘本故事。

三、分享与评价（10：30-10：40）

完成后的作品统一展示在砖块小路上，集中评价分享、拍照留念。

四、收拾场地（10：40-11：00）

大家一起将材料、场地、垃圾收拾整理干净，为孩子换好干净的衣物。家长们带回自己的东西离园。

野餐时间

阅读时光

玩泥

大合影

活动三：花样馒头大比拼

（2019-2020学年上学期）

活动时间：

2019年10月12日下午3：30—4：30

活动地点：

武夷学院附属幼儿园

参加人员：

混龄班幼儿、教师、家长

活动准备：

滚动照片、背景音乐、音响话筒、家长会签到表、三种彩色面团（紫色、橙色、白色）、蒸饭盘、桌子、软玻璃、桌布

活动环节：

一、家长签到（3：30-3：35）

二、"花样馒头"大比拼（3：35-4：3：50）

1. 家长提前在网上了解花样馒头做法，并构想自己想做的动物或者图形的馒头。
2. 家长陆续进班后，以家庭为单位开始比拼，完成后的作品放到蒸饭盘，拍照片留念。

三、介绍新家庭（3：50-4：05）

1. 每组家庭的家长互相认识、了解，家庭成员自我介绍。
2. 邀请贝贝妈妈介绍上任家庭的故事。
3. 提出要求，大家商讨如何相处融洽，可以开展哪些活动。

四、分享本学期教学目标（4：05-4：25）

五、征求家长对混龄班的合理化建议（4：25-4：30）

　　黄园长致感谢词。

六、活动结束

　　合影留念，分享劳动成果。

擀面

做馒头

摆盘

成果展示

活动四：秋种

（2020-2021学年上学期）

活动时间：

2020年10月16日下午15：00-16：30

活动地点：

武夷学院附属幼儿园小菜园

参加人员：

混龄班家长、幼儿及教师

活动目标：

1. 大孩子学会正确的种植方法，与家庭成员合作种植，懂得分配任务。

2. 小孩子会使用一些简单的种植工具。

3. 感受户外劳作的乐趣和辛劳。

活动准备：

菜苗、锄头、铲子、浇水壶、雨鞋

活动过程：

一、准备工作

提前两天告知家长活动时间、内容及地点，让他们准备好菜苗、锄头、铲子、浇水壶、雨鞋等工具。直接到菜园集合，孩子准备好书包及水壶跟着老师一起到菜地。

二、家长签到（3：00-3：10）

三、交代活动内容（3：10-3：30）

1. 家长给各自家庭的菜地进行松土。

2. 让孩子参与种植活动，如：浇水、施肥、播种等。

四、亲子活动"秋种"（3：30-4：10）

家长们与孩子们一起讨论：如何种下小菜苗？需要用到哪些工具？

教师引导老大带着老二、老三一起分组行动，学会正确的种植方法，将自己的菜地种满蔬菜，提醒爸爸妈妈将菜牌插结实。教师巡回指导，帮助拍下精彩瞬间。

五、收拾工具（4：10-4：20）

孩子们负责收拾工具、清洗、整理。

六、参观环园路

活动结束后，小朋友们带着爸爸妈妈一起参观环园路，带上自己的物品回家。

学习使用小锄头

浇浇水

找找三号家庭的菜地

松松土

活动五：秋天的味道

活动时间：

2020年11月6日下午2：30-5：00

活动地点：

幼儿园后山

参加人员：

混龄班家长、幼儿及老师

活动目标：

1. 大孩子初步学会一种美食的制作方法，并积极参与其中。
2. 小孩子在爸爸妈妈的帮助下，认识各种蔬菜种类，能够主动地帮忙挑拣、清洗蔬菜。
3. 走进自然，体验野炊活动的乐趣。

活动准备：

家长准备：

1. 烤地瓜组：饮料、锡纸
2. 火锅组：电磁炉、火锅料、调味料、公勺
3. 煎饼组：平底锅、铲子、面粉、火腿肠、玉米粒、胡萝卜丁、调味酱
4. 水果组：水果、水果刀、竹签、沙拉酱、野餐垫

教师准备：

地瓜、锄头、松针、火柴、打火机、蔬菜、插座、自制砖块灶、计划表、小方桌（床板）、一次性碗勺、案板、水果刀（切菜）、音响音乐、干净工作盘（水果）

活动过程：

一、活动前准备

爱在混龄

1. 谈话活动。教师告知孩子们活动的流程以及可选的美食项目，家庭成员讨论需要准备的材料。

2. 由老大负责将计划表填写完整，复印后每人带一份回家。

3. 周四上午带着孩子布置场地，捡松针和可用柴火。

4. 在班级告知孩子们活动场地的注意事项。

二、家长签到（2：20-2：30）

三、分组行动（2：30-3：30）

1. 煎饼组和火锅组的家庭成员找到自己的场地开始制作美食。

2. 地瓜组、水果组的家庭成员先将菜地的地瓜挖出来，完成后水果组成员回到自己的场地制作水果串串。

四、美食分享（3：30-4：00）

将各自家庭制作的美食进行分享，并介绍食物的制作方法，剩余食物可以送给其他班级的老师。

五、活动小结，场地收拾

家长和孩子们一起将场地的垃圾收拾干净并带走。

生火煎饼

切水果

香喷喷

水果串串

活动六：回味元宵

（2020-2021学年下学期）

活动时间：

2021年3月8日下午15：00-16：30

活动地点：

武夷学院附属幼儿园混龄班班级

参加人员：

混龄班家长、幼儿、教师

活动准备：

场地布置、一体机、滚动照片、亲子活动材料等

活动过程：

一、家长签到

二、主持人开场（15：00-15：05）

三、回顾2020、展望2021（15：05-15：20）

1. 亲子活动：中秋小橘灯、秋种、爱满重阳、秋天的味道。

2. 幼小衔接。

3. 主题活动——混龄茶事记。

4. 介绍新学期的主题内容，三月："春天知多少"、四月："生命"、五月："昆虫世界"、六月："实习老大"。

四、"回味元宵"混龄亲子活动（15：20-16：20）

1. 猜灯谜：鱼线、灯谜签、小福袋等。

2.巧手做灯笼：红色、黄色等彩纸、矿泉水瓶、剪刀、固体胶、蜡烛、红包等。

五、活动结束（16：20-16：30）

收整场地。

制作彩灯

灯谜

猜猜我是谁

大合影

活动七：中华礼乐大会

（2021-2022 学年上学期）

活动时间：

2021 年 10 月 30 日下午 14：00-17：00

活动地点：

武夷水庄（隐沫度假酒店）

参加人员：

家长、混龄班教师、幼儿

活动准备：

场地布置、音响话筒、游戏材料、家长会 PPT 等

活动过程：

一、家长签到

二、汉服 T 台秀

　1. 左老师组织家长们按家庭坐好，开场介绍流程。

　2. 涂老师带孩子们候场，准备走秀。

三、期初家长会

　1. 家长移步到会议室，开展期初家长会。

　2. 老师带着孩子们在活动场地布置游戏活动，将游戏材料分开摆放等。

四、中华礼乐大会

　1. 游戏：套圈、猜诗谜、踢毽子、剪窗花、画团扇、捏泥人。

　2. 玩法：家长和孩子带着任务卡，任务卡上有 6 个游戏小任务，需要挑战 6 个游戏并拿到贴纸

即任务完成，完成后可以到终点处兑换纪念品。

五、分享美食

按家庭小组式分享自己带来的美食。提醒家长们注意保持场地的卫生，离开时将垃圾带走。

六、活动小结

感谢家长们抽出时间参加本次活动，回去的路上要注意安全哦！

小家庭走秀 　　　　　　　　　　亲子走秀 　　　　　　　　　　画团扇

大合影

爱在混龄

活动八：邂逅武夷山国家公园

（2021–2022学年下学期）

活动时间：

2022年4月9日上午8：30-11：00

活动地点：

水帘洞景区

参加人员：

混龄班家长、幼儿及教师

活动目标：

1. 大孩子能够流利地向他人介绍水帘洞的景色，以及三贤祠的历史。

2. 小孩子寻找春天的痕迹，并大胆地绘画下来。

3. 感受和了解家乡武夷山的美，萌生爱家乡、爱环境、爱地球的情感。

活动准备：

教师：医药箱、横幅、麦克风、家庭任务卡、手绘景点图、绘画本、勾线笔

幼儿：水壶、书包（备用衣物、汗巾、遮阳帽、防蚊物品）

家长：食物、野餐垫、绘本、茶席、茶具等（家庭商量分工）

活动过程：

一、经验准备

师：小朋友们，这周六天气很不错哟！我们一起约上家庭的小伙伴走进武夷山国家公园，寻找春天留下的痕迹吧！（出示图片，共同欣赏水帘洞的风景）

二、集中合影（8：30-9：00）

各家庭拼车出行，将车辆统一停放停车场后步行至"武夷山国家公园"检票口合影留念。由左老师简单介绍美丽的"武夷山国家公园"。

三、完成任务（9：00-10：00）

1. 家庭合影：以家庭为单位，找到景点手绘图的位置进行合影，并将图片发至班级群。

2. 寻找宝藏：老大寻找3个景区的标识牌并记录，老二寻找花类（杜鹃花、烟草、常春油麻藤）、老三寻找草类（姬蕨、鸡爪槭、芭蕉叶）并绘画，由爸爸妈妈向孩子介绍其功效。

3. 了解历史：和爸爸妈妈一起了解"三贤祠"的文化古韵。老大尝试用自己的方式讲述历史故事，老二、老三知道"三贤"是指的是刘子翚(huī)、刘甫、朱熹三人，最后一起探讨活水的源头在哪。

四、分享互动（10：00-11：00）

任务结束后，各家庭可在水帘洞一处草地自主野餐、阅读、品茶、游戏、寻找茶树等，提醒家长和孩子们注意场地卫生及安全。

分发挑战卡　　　　　　　　　　游戏时间

野餐分享

大合影

活动九：我爱我家·月满中秋

（2022-2023 学年上学期）

活动时间：

2022 年 9 月 9 日晚上 6：30-8：00

活动地点：

武夷学院附属幼儿园操场

参加人员：

混龄班幼儿、家长和教师

活动目标：

1. 促进新家庭成员之间的认识，让家长之间相互交流经验。

2. 幼儿了解中秋节的风俗，感受我国传统民俗文化的丰富内涵，萌发爱国主义情感。

活动准备：

家长准备：茶席、茶点、汉服、DIY 灯笼、小夜灯、帐篷、野餐垫

教师准备：沙水池蓄水、纸杯纸盘、LED 灯珠、投影仪、展板、篝火、草埔、中秋故事、诗歌、手势舞、音响话筒、背景音乐、灯谜、团扇、烟花

活动过程：

一、活动前准备（上午）

1. 幼儿集体制作花灯，自主选材。

2. 老大、老二绘画一些关于中秋的装饰物，如：玉兔、月亮、月饼等，与教师一起布置晚上的活动场地。

二、家长签到

三、集体活动

1. 主持人开场，介绍本学期新家庭成员。

2. 观看投影仪，与幼儿一起简单地了解中秋节的习俗。

3. 共同朗诵诗歌《古朗月行》。

4. 老师带领幼儿及家长学习中秋手势舞《月儿圆圆》。

四、分组游戏

1. 画团扇：幼儿每人领取一个团扇，并取一份绘画材料，与家长一起装饰团扇。

2. 放花灯：幼儿拿着自己上午制作的花灯走到沙水池，祈福许愿后将花灯轻轻地放到水面上。此活动寓意着幸福团圆。

3. 猜灯谜：家长帮助幼儿简单讲解灯谜的意思，让幼儿尝试猜出谜底。

五、篝火游戏

1. 教师组织幼儿和家长一起手搭肩围着篝火，伴随着《兔子舞》音乐玩律动游戏。

2. 与孩子们一起欣赏烟花秀、赏月。

六、活动小结

师：在热闹的烟花秀中，我们结束了本次迎中秋活动，感谢家长们的积极参与！最后，请家长们收拾好自己的物品自行离园，返回路上注意安全！

认真的样子 　　　　　　　　　　画团扇

花灯祈福

祈福许愿

放花灯

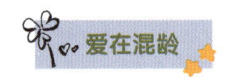

活动十：金秋拾趣，你我同行

（2022-2023 学年上学期）

活动时间：

2022 年 10 月 21 日下午 14：00-16：30

活动地点：

武夷和园（武夷魂）

参加人员：

全体幼儿、教师、家长、志愿者 6 名

活动目标：

1. 感受秋天大自然的美，体验社会实践活动带来的乐趣。

2. 知道关于中秋天的知识，同伴间能够相互照顾。

活动准备：

幼儿准备：遮阳帽、水壶、汗巾

教师准备：横幅标语、音响、音乐、垃圾袋、纸巾、医药箱、点心、手工材料

活动过程：

一、活动前准备

1. 教师与幼儿一起手工制作"秋天的一封信"，人手一份材料，学唱歌曲《郊游》。

2. 讨论外出的安全事项。

二、出发目的地（13：30-14：00）

1. 通知 6 名家长志愿者 13：20 抵达幼儿园，并有序安排孩子上车。一名老师提前到达武夷和园，待所有孩子上车后，最后一名教师再出发。

2. 集中幼儿并点名。

三、遇见武夷书法（14：30-15：00）

黄园长特邀著名书法家——徐良夫老师，为幼儿讲解书法艺术。教师提醒幼儿认真倾听、感受。

四、了解武夷传说（15：00-15：30）

各家庭成员手牵手跟随教师来到雕塑景点，讲述武夷的传说——彭祖、彭武和彭夷的神话故事，激发幼儿爱家乡的情感，并组织幼儿合影留念。

五、寻找秋天足迹（15：30-15：50）

老大带着老二、老三寻找秋天里不一样的树叶，装饰自己的信封。

六、活动结束（15：50-16：00）

1. 教师分发面包，幼儿在草坪或野餐垫上休息喝水。
2. 通知家长到活动场地接孩子，清理场地后离开。

七、活动延伸

1. 回家后，与爸爸妈妈一起分享本次外出看到的秋天景色。
2. 将收集好的落叶带回家，与爸爸妈妈一起制作树叶粘贴画。

收集秋天

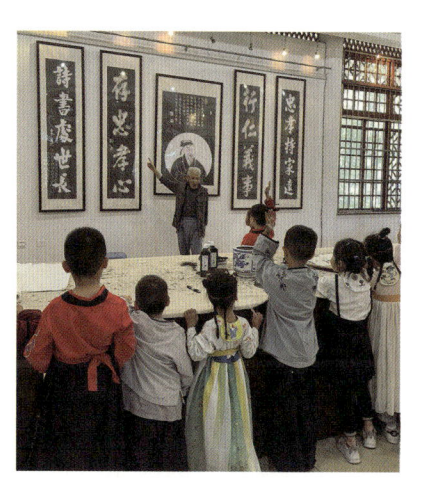

参观书法展

与徐良夫爷爷合影

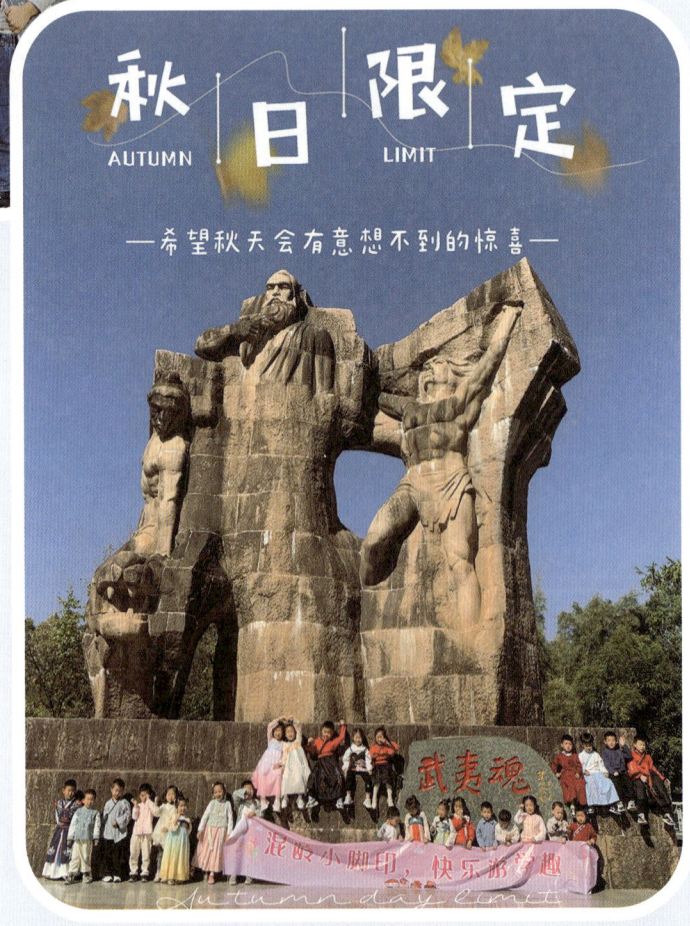

大合影

附 录

爱在混龄

家长感言

混龄教育之我感

贝贝妈妈

我们家茗珺是混龄班初始第一批入学的孩子，三年来角色从老二开始，和丁睿临老大组建了5号家庭。入小学时过渡期非常顺畅。常常在老师分享到家长群里的视频中看到老大牵着老二、老三们的小手去做操、游戏、找植物、捉昆虫、找鸡下蛋、和大白鹅散步……我们家长们也是多添几分安心！

我发现混龄班的小朋友们和老师打招呼的声音特别大，看到其他班小朋友摔倒、没带雨伞也会主动去帮助。我们与小家庭的老二、老三不仅在学校互动，在私下也成为真正的好朋友。家长们常常约着周末一起带着孩子们融入大自然……茗珺由老二成长为老大，多了一份责任感，也学会帮弟弟妹妹系鞋带、穿衣服、作出行计划等等，更加独立有担当了！

作为一名混龄班的家长，特别有幸能加入混龄班，也特别感谢为之付出辛劳与智慧的附属幼儿园的园长和每一位老师！感谢你们的爱，感谢混龄教育！

我与混龄结缘

闻子妈妈

作为武夷学院附属幼儿园混龄班第一批入班的孩子家长之一,深感荣幸。闻子在入园前有个小插曲。当时适逢孩子到了入园年龄,我也早早地关注了附属幼儿园的各种开班信息。

有一天,我看到了有关开设混龄班的消息。说实话,那时我对混龄班的认知只停留在条件、设备不具备的贫困地区才有混龄教育模式,怎么会在这里开设这样的班呢?我上网了解所获甚少,后来又向身边从事幼教的同学、朋友了解,她们所知也并不多。于是,决定去听幼儿园开展的混龄教育讲座,才知道原来为了开设这个班,幼儿园做了大量的工作,包括学习上海的混龄教育先进经验,还有武夷学院高校老师全程参与。幼儿园的全力支持,坚定了我让孩子入班的决心。讲座结束后,我给闻子报了名。报名后,幼儿园组织了家长面试,孩子如愿进入混龄班。我们就是如此和混龄班结缘的。

这一入班,便开启了美好的三年幼儿园生活。混龄班以家庭模式开展,各家庭成员由老大、老二、老三组成。老大照顾老二、老三,老二、老三帮助老大。教师引导孩子学会精诚合作。三年来,我的孩子从被照顾的对象到成为照顾他人的老大,成长不少,责任心变强,综合能力得到了很好的发展。

从活动设置上,每次的亲子活动,无论是亲近自然的还是在园里开展的,都能让孩子和家长找到归属感,大家玩得不亦乐乎。这无形中增进了我们的集体荣誉感,我们家长也因为孩子而建立了深厚的友谊,真的很感谢混龄班!

从日常学习生活中,我感觉到了混龄班混而不乱,每个年龄段有他们该进行的学习和锻炼,不会缺乏秩序感。我的孩子现在已是一名一年级的小学生,还会经常提起混龄班,提起他的老二、老三,每每说完之后会加一句:"我还想再上混龄班啊!"

人生中最幸运的事情,就是生命中总有一两处细微的美好,能让我们去回忆。我确定混龄班的经历,会成为孩子回忆中的一处美好。

爱在混龄

混龄兄妹情在发芽

嘉颖妈妈

我是混龄班孩子的家长，同时也是我孩子所在幼儿园的一名教师。第一次与混龄教育相遇是我被幼儿园选派到上海依霖幼儿园参访学习。我接触的大多是同龄班教育模式，身为幼教专业的老师，在接触混龄教育后深刻感受到孩子们在"小家庭"里情感碰撞的美好。

我作为孩子的妈妈，深知每个孩子都是家里的"小皇帝、小公主"，同龄阶段的孩子很难体会到父母一辈兄妹间团结友爱的情感。所以到了女儿适龄入园时，我毫不犹豫地选择加入混龄班。

开学初期，混龄教育在我家孩子适应新园所环境这一事上功不可没。我从老师发来的照片和反馈中了解到，嘉颖小家庭里的两位哥哥，总会帮她做手工，细心地帮她挤洗手液，外出牵着她的小手。哥哥们教会她班级生活的常规。在幼儿园体检时哥哥们会鼓励她不要怕，给她做好榜样。"小家庭"之间的交流和帮助，让她更快地融入这个班级。她每天回家都乐意分享在幼儿园的趣事。

在充满爱与和谐的混龄环境中，孩子学会生活、学会学习、学会社交。老师们的倾心陪伴也让嘉颖对幼儿园生活充满热爱。感谢混龄班给了孩子一个不一样的童年。

混龄的合作精神

墨宝妈妈

墨宝是 2 周 3 个月正式开始幼儿园学习、生活的。从混龄班的筹备开始，我便对这个班级有了些许好奇。我之前从未了解混龄教育。墨宝是带着些许开心、懵懂、对家人的依依不舍等情绪，以"小老三"的身份进入混龄班，和哥哥姐姐们一起组建小家庭！

在墨宝入园一段时间后，我们感受到了多样化的班级活动。最触动我的是老师们组织的一次茶主题的外出活动：参观母树大红袍。在此次活动中，有一项小任务：三位家庭成员需要在老大的带领下，在熙熙攘攘的景点内购买具有地标性的特色小吃：大红袍茶叶蛋！在老师布置任务后，老大便带着老二、老三一起商量，如何购买、如何分工。一番讨论后，得到的结论是老大领着他们找到摊位，并且负责问价，老二则负责给钱，老三拿回茶叶蛋！在成人眼里，这是一件再简单不过的事情，但老大才五六岁，却可以从容、有序地将家庭成员中所有人都考虑到并且合理分配任务，而老二、老三能够与老大共同协商、听从指挥，到最后完美地完成任务，令在场的家长惊叹。

渐渐地，混龄班给我们展示了墨宝的变化：当奶奶要抱她上楼梯，她能够对奶奶说自己的事情自己做；当她和小朋友起冲突，两个人商量着解决问题的时候，我看到了那个曾经需要别人照顾的墨宝逐渐成长为去引导、照顾别人的孩子。

混龄教育有助于孩子良好交往行为的养成，并且给孩子提供了一个能和不同年龄、有不同性格和能力的孩子一起交流的机会。当她成为青少年甚至成年人时，便能更自如地与各个年龄层次、不同个性的人沟通交流，这是我在墨宝身上所能够看到的。

爱在混龄

混龄成长树

混龄成长树

- 2023年9月 《爱在混龄》定稿成书
- 2018年9月-2022年12月 混龄之家 相伴成长
- 2018年8月 第二批教师 赴沪学习
- 2023年3月 回顾整理 汇编案例
- 2018年暑假 师资培训 课程研讨
- 2018年6月 开展混龄招生讲座
- 2018年5月中旬 首批教师 赴沪学习
- 2016年4月 与侬霖结队 同行混龄
- 2018年4月 混龄教研组成立
- 2018年5月初 侬霖园长 到访指导
- 2015年10月 走进侬霖 走进混龄
- 2015年4月 结缘侬霖

混龄班歌《爱在混龄》

爱在混龄

1=C 4/4

欢快地

胡玮晗 词
胡玮晗 曲

3 5 5·3 2 5 3 | 1 1 1·2 3 1 2 | 6 7 1·6 5 6 1 | 2 2 2·1 2 3 2 |
我有一个小家庭，老大老 二小老三。唱歌跳 舞做游戏，大家一起真开心。

3 5 5·3 2 5 3 | 1 1 1·2 3 1 2 | 6 7 1·6 5 1 3 | 4 3 2 1 2 3 |
我爱我 的小家庭，手挽手 心连心。遇到困 难不用怕，你帮我来我 帮

1 - - - | 3 5· 6 5· | 1·1 3 4 5 - | 4· 3 2 6 |
你。   爱在 混龄， 甜甜蜜 蜜， 大 手小 手

5 3·1 2 - | 3 5· 6 5· | 4·4 4 5 6 - | 7· 6 5 6 |
牵一 起。 爱在 混龄， 开开心 心， 我 们永 远

5 - 2 3 | 1 - - - ‖
不 分 离。

后 记

　　历经多年混龄教学实践的摸索和打磨,《爱在混龄》终于成书,其中铭刻着许多艰辛的付出。此刻,这颗沉甸甸的果实正向我们走来。这本书凝集着武夷山市武夷学院附属幼儿园园长、武夷学院学前教育专业教师和一线幼儿教师的心血和期望,记录了老师们对混龄教育模式的探索,也记录了孩子们在混龄家庭中学习、生活的点点滴滴。

　　回想初建时,园长们发挥着创新精神和胸怀不畏险阻的魄力,带领教研团队远赴上海学习他人成功经验;紧接着结合地域文化与有限资源,描绘出课程构思,混龄班就这样"摸着石头过河",一步步印证、一点点建立起来。园所内的每一片砖瓦、每一处构造造型、每一棵花草树木,教室里的每一块主题墙、每一个区域角落、每一张桌椅,课程建设中的每一次研讨、每一点构思、每一次活动……都承载了幼儿园园长、一线教师以及参与教学研究的学前教育专业教师的汗水和坚持。这个过程是学前人任凭岁月磨合,遭遇棱角却又固执地坚守着对教育事业始终不变的热忱与喜爱,着实令人佩服。

　　翻开这本书,相信你可以收获到教师们对混龄实践的热爱与付出;可以看到教师对每一个孩子乃至每一个混龄小家庭的关心与守护;可以随着孩子们的成长轨迹,感受着混龄家庭中孩子之间的友爱、团结与向上的态度,以及孩子们在爱的包围中,天真幸福的笑容。如混龄班班歌中所唱的"爱

在混龄，开开心心，我们永远不分离"。

  由于园所改制，混龄教学模式的探索暂时搁浅，但已无憾。因为，在奋斗的岁月里，欣慰的是，春有风筝，夏有鱼，秋有青鸟，冬有雁，四季圆满。当走在生命道路的两旁，播下种子、静待花开，教育的脚步永远不会停止，始终涌动着最明朗的光。

  诚然，一本教参的完成需要许多人的默默奉献，闪耀的是集体的智慧。本书在策划和写作过程中，得到了许多同行的关怀与帮助，及许多老师的大力支持，在此向他们致以诚挚的谢意。

  愿读者们拾寻书中的智慧，获得所望，也非常欢迎读者们批评指正。

陈　琳

2023 年 10 月 10 日于武夷山

图书在版编目(CIP)数据

爱在混龄:幼儿园混龄教学活动设计/ 高洁,黄荔华主编. —福州:海峡文艺出版社,2024.8
ISBN 978-7-5550-3674-6

Ⅰ.G612

中国国家版本馆 CIP 数据核字第 2024JG8731 号

爱在混龄
——幼儿园混龄教学活动设计

高　洁　黄荔华　主编	
出 版 人	林　滨
责任编辑	蓝铃松
出版发行	海峡文艺出版社
经　　销	福建新华发行(集团)有限责任公司
社　　址	福州市东水路 76 号 14 层　　邮编　350001
发 行 部	0591-87536797
印　　刷	福州锦星元印务有限公司　　邮编　350012
厂　　址	福州市晋安区新店镇健康村工业区 6 号
开　　本	889 毫米×1194 毫米　1/16
字　　数	320 千字
印　　张	20.5
版　　次	2024 年 8 月第 1 版
印　　次	2024 年 8 月第 1 次印刷
书　　号	ISBN 978-7-5550-3674-6
定　　价	80.00 元

如发现印装质量问题,请寄承印厂调换